外交官の使命

元駐日アメリカ代理大使回顧録

ジェイソン・ハイランド
Jason P. Hyland
野口孝行 訳

KADOKAWA

多くの恵みを私に与え、
さらなる恵みをもたらしてくれるであろう
アンドリヤナにこの本をささげる。

I dedicate this book to Andrijana, for the many blessings
she has given me and all the blessings yet to come.

〈お断り〉
本書に記される主張や描写はすべて著者によるものであり、
アメリカ合衆国政府の見解を必ずしも表しているものではありません。

〈Disclaimer〉
The opinions and characterizations in this piece are those of the author and do not necessarily represent those of the U.S. government.

プロローグ――外交官として最後の日に去来した想い

２０１７年7月31日、午後5時30分ちょうど――。その瞬間、「シンデレラ」の一場面にたとえるならば、私はただの〝かぼちゃ〟に様変わりした。

公使と相談の上、私はその日の午後5時30分に正式に臨時代理大使としての立場が失効するように設定していた。いよいよその時間になり、大使館からメッセージをケーブル（外電）で送信すると、それで終わりだった。

その時点ではまだ、首席公使の公邸に居住はしていたものの、すでに所属先は国務省でなくなった。もはやいかなる権限も私にはない。

これを境にして、日米間に横たわる様々な問題や、在日アメリカ人の安否に関する責任を負う立場ではなくなった。それだけでなく、30年以上にわたって職責を果たしてきたアメリカ国務省の外交官としてのキャリアにもひと区切りがついた。

それまでのキャリアを通して、私はイラクやアゼルバイジャン、オーストラリアなどの異なる場所でも同様の職責を背負ってきた。だが、これらの職責を重荷に感じたことは一度もない。むしろ、自分に与えられた使命だと思い、それを受け入れてきた。そしてこの日、ついに使命を果たし終えた私は、穏やかな心境のままオフィスを離れられることに喜びを感じていた。

これからは、外交官としての義務からは解放される。北朝鮮のミサイル実験に対して警戒を促す早朝の電話に起こされることもなければ、夜中に突如かかってくる在日アメリカ人の救護要請の電話に対応する必要もない。ただし、過去にこれらが苦痛だったのかというと、決してそうではない。それが私の務めであり、やりがいを感じながら仕事に全力を尽くしてきた。

退任によって生じた生活の変化は、これといって私に困難を強いるものではなかった。アメリカ国務省から離脱したものの、引き続き日本に留《とど》まり、私企業に転身する機会をすでに得ていたからだ。オーストラリアで過ごした3年間と、日本で過ごした17年を合わせると、私は20年にわたりアジアで暮らしてきたことになる。

初めて来日したのは、20歳のときだった。以来、10年ごとに戻ってきては、この国での生活を楽しんできた。私と妻のアンドリヤナにとって、日本はまさに第二の故郷と言っていい。

私が国務省を辞めるつもりであるのを知ったとき、国務省の関係者たちは驚いたと思う。しかも、辞任に際し、いったんワシントンDCに帰還してから離任手続きをするのではなく、そのまま日本に残ると言うのだからなおさらだっただろう。

私の意向を受け取った国務省は、すぐに調査を始めると、「辞任の際、一度本国に帰還せねばならない」との条件がないのを確認してくれた。そのおかげで私は、やりかけの仕事を無事に終わらせることができ、歴史深い首席公使公邸でもう一晩過ごす猶予まで得られたのだった。そして翌日、新たな住処《すみか》に移り、次なる人生の門出に立ったのである。

最終日、私は日本政府の要職に就く尊敬する方たち数人と共に、お別れの昼食会に出かけた。昼食のあとは、日本で素晴らしい活動を行っている国際慈善団体のハンズオン東京が組織する親善野球教室に招待されていた。しかし、あいにく時間が作れなかった。自分のオフィスの荷物をまとめ、それを運び出さなくてはならなかったからだ。

タイムリミットの存在は、人の行動を確実に促してくれる。

こうして私は5時30分という瞬間を迎えた。

大使館のパソコンを閉じ、オフィスを後にするとき、私はアメリカ国務省の外交官としての長年の経験のすべてに思いを馳《は》せた。

中米に赴任したのは、各地で内戦が激しく渦巻き、アメリカ政府が共産主義者たちの反乱を抑え込もうと躍起になっていた時期だった。その後、日本に赴任すると、日米両国は貿易戦争の真っ只中にあり、日本経済はバブル景気を謳歌していた。

ソビエト連邦が崩壊し、各共和国が独立国家として再出発を図っていたとき、私はソ連担当の部署に属し、世界の戦略図が変貌《へんぼう》していくのを目の当たりにした。さらに、オレンジ革命が起こる前までの数年間は、ウクライナに住んでいる。

イラクに駐在していたのは、「サージ戦略（治安維持のためのイラクへの米軍部隊の増派作戦）」の最中《さなか》で、アメリカ軍のイラク介入がピークに達していたころだった。

国務省でバルカン半島を担当する部署のディレクターを務めていた時分には、クロアチアとアルバニアがＮＡＴＯに加盟する時期に重なった。ソマリアで起きていたテロを封じ込める作戦が進行中、協力のためにアフリカの角と呼ばれる地域に駐在したこともあった。

さらに加えると、バラク・オバマ大統領が歴史的な広島訪問を果たしたとき、およびドナルド・トランプが２０１６年の大統領選で周囲を驚かす勝利を収めた瞬間、私は首席公使としてキャロライン・ケネディ駐日大使の補佐役を務めていた。

これらはほんの数例に過ぎず、その他のすべての職務を通じ、私は外交や世界情勢に関する経験と見識を積み重ねていった。

私は、実務家になるための教育を受け、外交官として訓練されてきた。そして、実際にそうなれるように努力し、忠実に勤《いそ》しむ日々を送ってきた。

その間、イデオロギーによって動かされることはなく、ただただ職務の内容に従い、全力を尽くした。様々な経験を通じて、得られた教訓も多かった。特に身に沁《し》みているのは、

「現実とは、容赦のない教師のようなもの」という実感だ。

そして今、私は自分が得た経験や見識を多くの人と共有したいと考えている。

明かりの灯《とも》った家の小さな窓を覗《のぞ》き込み、その家全体に横たわる「外交」というものを目撃しようとしている自分の姿を想像してほしい。この状態では、おそらく「外交」の一部分しか視界に入らず、果たして「外交」とは何なのかまではつかめないだろう。

そこで私は、自らの実体験を基にしながら、皆さんをこの外交という世界へと案内し、実際に何が起きているのかをお見せしようと思う。

本書で明かされるのは、外交がいかなるものなのかを私に強く教えてくれた実際の経験や知識であり、また、世界がどのように動いているのかについての見地である。それらを知ってもらうことで、これまでのイメージとは異なるであろう「外交官の使命」といったものを見てもらいたいと願っている。私の中には、しばしば誤解されがちな外交官の本当の姿を知っていただきたいという思いがあるのだ。

私が本書を通して伝えたいこと——。

それを語り始めるには、まずはカリフォルニア大学バークレー校の日本語クラスにまでさかのぼらなくてはならない。いや、もしかしたら、原点はそれよりもずっと前にあるのかもしれない。

装幀　國枝達也

第１章　日本との出合い

カリフォルニア大学バークレー校で日本語の授業を選択するまで、私にとって日本や日本語はまるで未知なものだった。

バークレー校で1年を過ごした私は、少し退屈していた。自分のしている勉強の目的とはいったい何なのか。そんな思いにもとらわれ始めていた。

そんな折、習得の難しい外国語を学べば、少なくとも何かしらの技能を得られるのではないかという考えが、どこからともなく頭に浮かんだのだ。

難しい外国語か……。中国語、もしくは日本語？　共産主義国である中国は当時、改革開放政策を始める前で、外界への門戸をほぼ閉ざしていた。となると、仮に勉強してもそれを活かせる道は限られる。では日本語か。こうした私なりの〝深い考察〟の結果、日本語を選択したのだった。

アジアを訪れた経験はなく、道ですれ違うようなケースを除けば、日本人に会ったこともなかった。もちろん、日本の歴史もまったく知らない。にもかかわらず、なぜこれほどまでに日本語の学習に自分の人生の多くを捧《ささ》げてきたのだろうか。それを考えたとき、私自身のことでありながら、いまだに不思議な気持ちになる。日本語を選択した決断について、難しそうな外国語だったからという理由以外に明確な説明は今もできない。ただし、それまでの数年間、フランス語を勉強してきたという経験が、語学に対する情熱を知らず知らずのうちに育《はぐく》んでいき、私に日本語を選ばせたのではないかという考えはある。

いまだによく覚えているのは、敬愛する母親の反応だった。私が決めた計画にいつも賛同し、応援してくれる母だったが、そんな母が、緑色のかなり分厚い研究社の和英辞典を購入した私を見て訝《いぶか》しげな表情を浮かべたのだ。この辞書を買うために、私は確か40ドル以上を費やした。当時の40ドルは、今でいうと150ドルくらいの価値があったように思う。おそらく母は「オーケー……。でも、本当に長続きするのかしら」と感じたのではないだろうか。私はこの辞書をどこかにまだ保管している。

その辞書を購入したのは、日本語の勉強を始めてすぐの冬休み、ロサンゼルスのリトル東京を訪れたときのことだった。実際に足を踏み入れてみると、そこで見るもののすべてが真新しかった。

日本とは何かを知るためには、日本的なモノに直《じか》に触れておいたほうがいいだろう……。そう思った私の探求対象には、もちろん寿司の試食も含まれていた。

寿司を食べるというのは、まさに日本という領域に足を踏み入れる行為に思えた。この食べ物に挑戦するために、私は不安におののきながら、薄暗い寿司レストランの中に自ら吸い込まれていった。

注文したのは、最も無難そうなマグロ。

(案外、イケるじゃないか)

これが寿司に対して生まれて初めて下した私の審判だった。

なぜ私は日本語に夢中になったのか?

日本語を選択すると決めた私は、クラスに登録し、新学期が始まるとさっそく授業を受けに行った。すると、そこで耳にした日本語の響きにすぐにハマってしまった。

これは誇張でも何でもないのだが、進学や仕事に関して、私の生涯で起きた極めて大きな出来事のすべては、「日本語を選択する」という、あの時のたった1つの決断から派生していると言っていい。その状況は今もまったく変わっていない。

それにしても当時、なぜ私は日本語にあそこまで魅了されたのだろうか。

何よりもまず、日本語の響きが良かった。次に簡潔性と文の構造。語形変化もなければ、活用変化、文法上の性《ジェンダー》もない。この点も気に入った。

しばらくして漢字学習が始まると、私はそれを1つの山のように捉《とら》えることにした。漢字学習は非常に長い登山のようなもので、一歩一歩登っていかなければならない。ただし、時間をかけて専念しさえすれば、必ず頂上にたどり着ける。そう信じて、私は辛抱強く向き合った。

際限のない複雑さも日本語の魅力であり、人が受けられる教育の限界に達してしまうのではないかと感じるときもあった。

もちろん、大変な面ばかりではない。本来の意味に関係なく、音にならって漢字を当てはめ、ごくごく繊細なニュアンスを伝える「当て字」には、今も面白味を感じる。私が思いつく限り、同じような表現方法を用いる西洋言語はない。日本語が持つ数々の貴重な特色の1つと言っていいだろう。

実用面で困ったのは、私が左利きであることだ。左手で漢字を書く際の書きづらさは、今もまったく変わらない。

いまだに忘れられずに覚えている過去のいくつかの大切な出来事と同様に、あの日本語の教室の様子は今でもはっきりと思い出せる。

教室は、大学内に1960年代に建てられた多目的ホールの1つの中にあり、簡素なつくりをしていた。蛍光灯がやけにまぶしく、他の授業でも使われていたせいか、何の特徴もない壁だったのを覚えている。学生は15人もおらず、年度の終わりまで残った者はほとんどいなかった。

あの教室に足を踏み入れた日、私は初めて日本語を耳にし、そして教科書を開いた。あの瞬間から、自分の人生は変わったのだ。

当時、アメリカの多くの日本語教師たちは、日本語教育の草分けであるコーネル大学のエレノア・ハーツ・ジョーダン教授が執筆した「ジョーダン教科書」を使っていた。カナ文字や漢字を学ぶ前に、学生たちはローマ字を介して日本語に触れていく。日本の文部省によって認可されたこの教科書には、飾りっ気のない灰色がかった白色のページが綴《と》じられており、学び始めてからの1週間はローマ字、それ以降はひらがな表記が使われていた。

今にして振り返ると、教科書で扱われていた内容は、外国の学習者にある種のメッセージを送っていたような気がする。例えば、教科書の中ではこんなシチュエーションが紹介されていた記憶がある。その話の中で、登場人物のスミスさんは、着物姿のまま近所のデパートに行こうとするのだ。おそらく執筆者は、着物姿で外出するのは外国人がとる行動としては決して良案ではないとほのめかしたかったのではないだろうか。

私のクラスの教師陣は、東京外国語大学からやって来た若くて熱心な講師たちだった。このことからもわかるように、私が幸運だったのは、カリフォルニア大学バークレー校がアジアと深い関わりを持つ大学であり、さらには、学問的自由や知的探求を奨励する強いカルチャーを有していたことだ。こうした環境の中で、私はますます日本語にのめりこんでいった。学生としての進路とその後の人生におけるキャリアは、あの時点で日本語の初級コースを履修したというたった1つの選択が大本になっていると言っても過言ではないだろう。

このように熱心に話すと、若かりし私は、十分な情報を得た上で日本語を学び始めたように聞こえるかもしれないが、先に述べたように発端は「難しい言語を学べば、何かしらの技能を得られるのではないか」というのんきなものであった。

外国語への興味を育んでくれた幼少期のフランス語学習

あらゆるものを源とし、そこから人生は湧きあがる。それはあたかも、小さな水の流れが、どこにたどり着くのかわからぬまま、どちらの方向が正しいのか知らぬまま、ひっそりと長い旅路を始める様子に重なって見える――。

そんな感慨を抱きつつ人生を振り返り、自らの流れを遡ってみると、私にとっての始まりは、日本語を学び始める何年も前、小学4年生のときにニューヨーク州ロングアイランドのブルックビルで受けたフランス語の授業にたどり着く。

何らかの理由があり、私が通っていた公立小学校では、外国語の勉強を他校よりもかなり早めに導入していた。そしてそのことが、私に大きな影響を及ぼしていく。

教師たちは、運命に定められたかのようにニューヨークにやって来た年輩のフランス人女性たちだった。彼女たちはとても厳格で、フランス語、ナポレオン、そしてフランス文化全般について高い誇りを持っていた。文法はいうに及ばず、発音、そして現代フランス語が持つ優美でアルカイックな要素にまで指導は行き届き、これらすべてを正しく教えることが、彼女たちにとっての厳粛な務めのようだった。

中でも私の教師は、フランス語独特の〝r〟の発音の仕方にとても厳しくて、今でもそれを思い出すほどだ。いずれにしても、彼女たちは自分たちの職務を十分理解していたと言える。

記憶をたどっていくと、このあたりから私は「言語」というものに心を奪われていったのだと思う。家では外国語に触れるような機会はなかったので、外国語に興味を持つようになったのは、家族から影響を受けたわけではないのだけは確かだ。

その後も年月を経て、言語との貴重な出合いは積み重なっていった。

高校生になった私は、カリフォルニア州の学校に通い始める。そこですぐに気が付いたのは、東海岸と同様、こちら側にも愛国心に満ち、フランス語の教育に熟達した年輩のフランス婦人が大勢いるらしいということだった。

例えば、ある教師は、学生たちにハガキよりも小さいサイズの本を配ってくれた。その本には、ヴォルテールやエミール・ゾラなどの有名作家によるエッセイや短編の全文が1

つ収められていた。

外国語で書かれた作品を、最初から最後まで読み通せた喜びを言葉でうまく伝えられないのがもどかしい。あの喜びは、これまでの人生で一度たりとも忘れたことがない。まだニューヨーク州にいた中学時代のころだったと思う。課外授業でフランスのアート映画を見るために、バスでマンハッタンに出かけたことがあった。

この映画の内容は、私があたかもその物語の中の住人であったかのように、記憶の一部として今でもしっかりと残っている。

映画は、常軌を逸した犯罪者を収容する堅牢な施設から脱走した男が、風変わりな夫婦が住む田舎の古い農家に逃げ込むシーンから始まる。この家の主人は、昆虫にまつわる小説を書くことで一家の家計を支えていた。

全国ニュースでは、脱走者はとても危険な犯罪者であり、身柄が拘束されなくてはならないと伝えている。だが脱走者は、自分が国に忠誠を誓った役人であり、ある秘密を握っていると主人に話し、さらに続けて、その秘密が白日の下にさらされないように、邪悪な勢力が自分を付け狙っているとの説明も付け加えていくのだ。その話を直感的に受け入れた主人は、脱走者をかくまう決心をする――。

こうした場面から映画は展開していった。

ここ数年、私はこの映画を探し続けているのだが、まだ見つけられていない。もしかしたら、この不思議なミステリーの序章は自分が勝手に作り上げただけなのかもしれないなどと想像してみたりもする。

これまでの私の人生は、言葉によって豊饒さを増し、形づくられ、道がひらかれてきた。言葉が私を刺激し、大きな意味で、その影響が私に自分らしい特徴を与えてくれたと思っている。

外国語のできる家族が1人もいない家庭で育ったことを考えると、少し不思議な感じもする。父は、外国語をマスターするなどというのは、この世の大きな謎でしかないという強い考えを持っていた。カナダへの旅行を除けば、西ヨーロッパ7カ国を駆け足で回ったことがあるだけの家族だったのだ。

ここで外国語教育という観点から、日本人、そして彼らの英語の学び方についてコメントを挟みたい。

私は日々、多くの日本の人たちとEメールのやり取りをしている。私自身、日本語でのメールを読むのに不自由はないが、日本語でのメールの作成を少し怠けてしまったりもする。そのせいで英語によるやり取りがどうしても増えていくのだが、その際によく感じるのは、英語を話すのを苦手とする日本の人たちは多いのに、英語のメールとなるととても洗練され、ほぼ間違いのない英文のメッセージを送信してくる人がたくさんいるという事実である。

日本の多くの人たちは、英語のライティングに目を向けると非常に高い能力を持っている。これは読むことに関しても言える。以前、老齢の日本人男性と会話を交わす機会があった。彼は英語を話せなかったが、「読むのは問題ないんですよ」と言って、英語で書かれた原書を読んでいた。こうした卓越した能力はもっと誇っていいと思う。

英語の力に偏りが出るのは、学校での英語の教え方のせいだろう。もしも読み書きと同じように、効率的に会話が教えられれば、日本はすぐにバイリンガル国家になると私はいつも感じている。


話を戻そう。

フランス語を学んだあとは、大学2年生になるまで「言語」との出合いは訪れなかった。その後の大学での日本語との出合いは、フランス語を教えてくれた献身的なフランス人教師たちによって私の脳と魂が次なる巡り合いに備えて鍛えられたからこそ起こり得たのだと、私は固く信じている。

彼女たちが授けてくれたかけがえのない贈り物には感謝するばかりだ。そうした贈り物の真の価値を見出《みいだ》し、感謝の意を表せるのは、いつだって授けられてから長い時間が経ってからだ。他者への贈り物とは、もしかしたらそういうものなのかもしれない。熱心にフランス語を教えてくれた彼女たちが、私を日本語に導いてくれたのだ。そして今の自分がある。

ここで改めて、私たちに多くのものを与えてくれたすべての素晴らしい教師たちにお礼の気持ちを表したい。

第２章　日本で過ごしたかつての日々

１９９８年から２０１４年までの16年間の不在期間を挟み、１９７０年代から１９９０年代、および２０１０年代にわたり、私は日本に住んできた。日本に戻ってきたのは、２０１４年、キャロライン・ケネディ駐日大使（当時）が、私に補佐役を務めてほしいと打診してくれたためだった。それ以降、私はずっと日本にいる。

１９７０年代に初めて日本を訪れたとき、私は日本に関する深い知識をほとんど持ち合わせていなかった。日本との関係は、叙情的で、際限のない深みを持つ日本語との出合いを入り口として始まったものだったからだ。だがついに、私は自分の目で日本を確かめ、体験する機会を得る。

羽田空港を目指し、中華航空機が東京の上空に差し掛かると、私は窓から地上の様子を眺めたのを覚えている。すると視界に入ってきたのは、鉄筋コンクリートでできた建物が詰まった区画ばかりだった。

（優雅なたたずまいの寺院や、玉石が敷き詰められた小道は、いったいどこにあるんだ？）

そんなナイーブなことを私は考えていた。

羽田空港から東京駅まで、どのようにしてたどり着いたのかはわからない。私の日本語はとてもつたなく、その上、迷子になってしまったからだ。それでも幸い、東京駅までたどり着くことができた。

大阪へと向かう道中、私はこの旅で重要となる2つの事柄を発見している。1つは、赤電話（覚えている人はまだいるだろうか？）を使って東京から大阪まで電話をかけるには、大量の10円玉を用意しなくてはならないということだ。通話するには数秒ごとに10円玉を赤電話に放り込まなくてはならない。もしも途中で硬貨がなくなれば、電話は無情にも切れてしまう。

そしてもう1つは、新幹線のグリーン車の中をうろうろしていると、乗客の誰かが他の車両への移動をご丁寧に促してくれるということだ。グリーン車とは何なのかを当時の私はまったく知らなかったため、これを早い段階で体験できたのはよかった。

大阪に着いてからは、ロイヤルホテル（現リーガロイヤルホテル大阪）のロビーの壮観なフロアとアーチ型の天井窓、木製の優雅なフロント台に圧倒されたのを覚えている。

ロイヤルホテルは、大阪市にとってだけでなく、私にとっても思い出深い場所だ。

初来日のとき、私はこのホテルに一度泊まっている。すべてが新しく、豪華なラウンジエリア、イギリスのバーナード・リーチによってデザインされた素朴な雰囲気のリーチバー、それとセラーバーの様子に驚かされた。和洋のテイストが巧みに融合した1960年代のグランドホテルが持つ独特の雰囲気が実に見事だった。

再訪を果たしたのは1995年だ。この年、大阪ではAPECの開催が予定されていた。このとき私は、来日するヒラリー・クリントン大統領夫人（当時）の随行統括官に任命されている。

ところが会議の開催時、本国アメリカでは連邦政府機関の閉鎖という事態が発生し、大統領夫妻の出席が見送られてしまった。そこで急遽《きゆうきよ》、アル・ゴア副大統領が短時間の代理出席を行った。

宿泊先のリーガロイヤルホテル大阪がこの日のために用意した部屋は、インディアナオークの壁面を設えた、特別に改築されたプレジデンシャルスイートだった。

だが、ゴア副大統領にこの部屋で丸一晩過ごすだけの時間があったのかどうかはわからない。それ以前に、私たちが現地の店で彼のために正装用のシャツを買わなければならないほど、ぎりぎりの日程での会議参加となった。

あれから20年以上も経た2017年、私は、大阪府知事、大阪市市長、企業経営者といった方々と公式面会するために、再びリーガロイヤルホテル大阪を訪れた。

1階のラウンジエリアは私が記憶しているままの美しさであり、リーチバーも同じく昔のままだった。セラーバーは改装されて場所が移ったが、こちらもまだ残っていた。

バーの席に座り、私は日本人のピアニストが演奏するスティービー・ワンダーの「サンシャイン」に耳を傾けた。学生時代から考えると、これまでの人生がどれだけ遠くまで自分を運んできてくれたのかを思わずにはいられなかった。そして、壮大な建物の中にこのホテルが今もあり、なおも力強いことがとにかく嬉《うれ》しかった。

私がまだ学生だったころは、昨今よりもずっとわかりやすい時代だったのかもしれない。日本は経済大国としてすでに世界中から注目を集め始めていた。企業経営において、日本企業はお手本としてもてはやされ、ほぼすべての分野で、芸術的とも言える美的センスを見事に体現していた時期だった。私は今でも、当時の日本人の多くが、いかに簡素な生活を送っていたかを記憶している。

今も思い出す日本の夏

国際基督《キリスト》教大学で夏季プログラムを受講した私は、寮でひと夏を過ごしたことがある。そのとき、日本ではエアコンがまださほど普及していないということを、汗だくになりながら身をもって知った。

猛暑の夏、日本人は〝熱帯気質〟に変わり、屋上ビアガーデンでの夕涼みを待ち望む。そして冬、大みそかになると、家族そろって紅白歌合戦を見る。タバコと言えば「セブンスター」。アサヒの健闘はあるものの、ビールはやはり「キリン」だった。

正月休みのような大型連休になると、どこの店も休業となった。そして年が明けると、人々は同僚や取引先、親戚《しんせき》への年賀挨拶《あいさつ》に忙しく動き回るのだ。

11月、アメリカ人にとっては感謝祭の月である。当時、伝統的な七面鳥《ターキー》を食べられるレストランは、銀座のローマイヤしかなかった。ここはドイツ人が創業した古い店で、今も営業を続けている。ここのターキーが想像を超えるほど美味《おい》しかったのだ。

あのころはまだ、コーヒーの専門店は少なかった。そのため、都心でやっと見つけた専門店で飲む淹《い》れたてのコーヒーの味わいは格別だった。

自らを外国の文化に浸らせることで、その国の人たちとの関わりが深まり、特別な恩恵を得られると私はいつも思ってきた。大衆文化に浸るのもその1つであり、テレビはその代表的な存在だった。

日本に来てすぐ、初っ端《しょぱな》から歌謡曲が気に入った。私は好んで、「〝山口百恵時代〟に初めて日本を訪れました」と口にする。彼女が引退を表明し、ファイナルコンサートを開催していたとき、私はちょうど日本にいた。日本の音楽界は彼女一色に染まっている時代だった。演歌も大好きになった。初来日のときは、アルゼンチン出身の歌手グラシェラ・スサーナが、「サバの女王」のような情熱的な曲を日本語で歌っていた。

ほぼ10年ごとに日本に戻って来て暮らし始めるたびに、私はあの時代の音楽の世界に戻っていく。その瞬間、日本人にしか浸ることのできない秘密の場所への立ち入りを許されたような気分になるのだ。これまで赴任してきた世界の国々でも、いつもその国の文化に深く浸り、同じような気分を抱いてきた。

私は、蒸し暑くてたまらない夏の盛りの東京をこの上なく楽しんだ。もう何十年も前のことになるが、この素晴らしい都市で初めて過ごした日々を懐かしく思う。

ビアガーデン、蚊取り線香、麦茶、蛍、グルグルと回る扇風機の羽根（ブーンとうなるクーラーには縁がなかった）、パジャマ姿で銭湯から帰ってくる家族の姿、甲子園での熱闘、1年のうち、夏の季節になると突如〝熱帯気質〟になる日本の人たち……。

昔も今も、彼らが1年のうちの夏の季節だけ〝突然変異〟する姿が頭に浮かんでくる。

日本の夏の風物詩のいくつかはすっかり見られなくなってしまったが、いまだ変わらずに残っているものもある。

それにしても、国際基督教大学の寮で過ごした蒸し暑い夜は、忘れられない思い出だ。あの夏、小さな教室で一緒に授業を受けたアメリカ人の学生たちも忘れ難い。

様々な理由で集まった彼らはやる気に満ちているだけでなく、どこか深みがあった。

彼らのうちの1人は、60代後半の宣教師で、すでに数十年にわたってアフリカで現地の人たちに福音を説いてきたという経歴の持ち主だった。日本語を一から学んで日本でキリスト教を広めたいという願いを抱く彼は、人生の円熟期をそのために捧げようとしていた。別の1人はまだ若く、完璧な日本語を話した。彼はいわゆる〝基地の子ども〟で、父親が米軍に所属していた。子どものころ、近所の日本の子どもたちと遊びながら、日本語を自然に身に付けたという。彼は日本の怪獣映画に端役として出演し、流暢《りゅうちょう》な日本語で叫び声を上げながら怪獣から逃げるシーンに登場していた。

彼の直面していた問題は、日本語の読み書きができないことだった。また、話せるとは言っても子どもが話すような日本語で、教育を受けた大人が話すようなものではなかった。国際基督教大学が開講していた夏季プログラムに通いながら日本語の読み書きを学ぶ彼の姿を見るたびに、相当苦労している様子がうかがえた。

もう1人のアメリカ人は、ベトナム戦争の間、日本国内の米軍基地で支援業務に携わっていた30代後半の男性だった。彼はとにかく日本語の勉強に没頭していた。お酒を飲みに出かけるときにさえ、日本国憲法のコピーを携えていくほどだった。ただしこれは、勉強のためというより、デートに誘えそうな女性の気を引くためだったような気がする。

これまた同じ動機から、彼は万葉集の中の言葉を引用するのを好んだ。日本人の血はまったく混ざっていないのに、当時、人気のあった歌手の細川たかしに酷似している彼の風《ふう》貌《ぼう》は、これまた相手の関心を引き付けるのに役立った。それを彼は嬉々として話題にした。そしてそこには、私のような人物もいた。

このグループのことは、今でもよく思い出す。それぞれが日本語というものを介して、偶然にも同じ場所で触れ合い、それぞれが自分にとっての夢を追い求めていた。これが私の日本での原体験であり、とても鮮やかな思い出として心に残り続けている。

とはいえ、今となってはどれだけ正確に当時の出来事を記憶しているのだろうかと疑問に思ったりもする。

ある暖かい夏の夜、新しくできた飲み仲間とキャンパスから校門に延びる並木道を街中に向かうために歩いている光景も目によく焼き付いている。行先はたいてい、赤坂か六本木。将来のことをほとんど考える必要もなく、日本にいるのがただただ楽しい日々だった。

日本人との関わりを通じて学び取った「日本」

日本で暮らした初期のころ、政府の官僚、教師、エンジニアといった特別な地位にある日本人に接し、私は日本人に対する3つの異なる印象を持つことになる。

大蔵省の官僚宅にお邪魔したときは、彼が特別に重要な人物であるのがすぐに感じ取れた。私のアパートの前の通りを挟んで、高校教師の一家が住む清潔で慎ましい家があった。近所に住む母親たちのほとんどが教師の家に敬意を払い、ちょっとした贈り物を教師の妻に手渡している様子がうかがえた。実際は違ったのかもしれないが、日本での暮らしにまだ慣れていない私の目には、少なくともそのように映った。

アメリカでも、成長期の若者にとって高校教師の役割はとても重要だ。そうだとしても、あれだけの敬意を集める状況は想像できなかった。

大阪を拠点とする製薬会社に勤める技術者が郊外に建つマイホームに私を招き、素晴らしい家族を誇らしげに紹介してくれたこともある。彼が会社にどれだけ尽くしているのかを感じると同時に、彼がそのことに並々ならぬ誇りを抱いているのがわかった。

日本人に関するこれらの原型が、次々と私の意識の中に焼き付けられていった。

お見合い結婚が、どのようにこの社会に組み込まれているのかを見たこともあった。大阪で、大阪大学卒の20代後半の男性からお見合いについて話を聞くことができたのだ。彼は大企業である日本ＩＢＭでキャリアを積み重ねていた。当然ながら、〝お見合い市場〟での彼の価値は高かった。

うら若き花嫁候補が写るお見合い写真でいっぱいになった箱を自慢げに私に見せながら、彼は一言、「上司から勧められた」と教えてくれた。白黒写真の中の女性たちは、当時の流行《はや》りのパーマをかけ、どの顔も真面目な表情だった。彼は、台紙に貼られたこれらの写真を引っ掻き回すようにして順番に眺めていた。

私が言うのも何だが、彼は特に容姿に優れているというわけではなかった。これだけの数の花嫁候補の写真を得られているのは、彼の容貌の良さゆえでないのは明らかだった。

彼は、結婚相手探しは上司の役目の1つであり、それをするのは部下に対する上司の責任だと説明してくれた。果たしてその後、彼はどのような結婚をしたのだろうか。

私の知人に、すでに引退した老齢の元官僚がいる。都内有数の伝統的な美しさをたたえる広大な庭園があることで知られる八芳園《はっぽうえん》で、彼と夕食を共にしたときのことだ。用意された座敷に入ると、元官僚は、この部屋で自分は初めてのお見合いをしたのだと何の屈託もなく教えてくれた。お見合いのあと、彼は上司から、その若いお見合い相手との結婚を勧められ、それに従ったという。

高度成長の真っ只中、今以上に各自が義務を果たすことを強く求められていた時代だった。何十年もの間、多くの日本人がその求めに逆らわず生きてきた。

それ以上のことは言わなかったが、官僚のトップにまで登り詰めた彼自身の人生を見れば、その決断は彼の家族にとって明らかにいいものだったはずだ。

アメリカ人の私にとって、正直なところお見合い結婚は多くのカップルが教会や職場を通じた紹介で結ばれていたアメリカの古い時代に遡《さかのぼ》ったかのように感じられた。

しかし、外交官として世界中を駆け巡るようになってからは、お見合い結婚は今も各地で行われており、さほど珍しいものではないことを知る。おそらくアメリカは、世界の中で他者と異なることを恐れずひたすら我が道を突き進む〝社会的異端者（ソーシャル・アウトライヤー）〟なのかもしれない。職務に伴って外国で暮らすうちに、私はアメリカでは見ることのない数々の事象や事柄に触れる機会に与《あずか》るようになる。

２０１６年に公開された山田洋次監督の『家族はつらいよ』には、かつての日本の姿を感じ取らせてくれる鋭い視点が含まれている。

映画では、自らの人生を会社に捧げた末に、定年で退職した一家の家長が登場する。彼は、仕事のあとに近所の酒場でお酒を飲むことを除けば、家族との団欒《だんらん》や息抜きをしてこなかった人物として描かれており、日本の家父長制の実相がよくわかる内容に仕上がっていた。

もしかしたら、こうした事情は今もあまり変わっていないのかもしれない。

少し前に、女性の権利向上のために活動していた女性と話す機会があった。彼女の夫は政府の仕事に就いており、何年もの間、仕事を済ませたあと、午前2時か3時ごろに寝るためだけに家に戻り、翌朝の9時過ぎには出勤するような生活を続けていたという。

仕事で日本と関わり始めたばかりのころ、ニューヨークにいた私は、大手総合商社の部長から夕食に招待されたことがあった。その際、様々なマーケットについて豊富な知識を有し、無限とも思える資金供給力を背景に世界中で契約を取り付けていく彼が、まるでこの世の達人のように見え、私は大きな感銘を受けた。

その彼が腕にしていたのが、ステンレス製のセイコーキングクオーツだった。

欲しいものは何でも手に入れられる商社マン（当時はほぼ男性しかいなかったので「商社マン」という呼び名が自然だった）が身に付けているのだから、最高の腕時計に違いない……。そう思った私は、すぐさま同じ型のセイコーの腕時計を買いに行った。あの時計はまだしっかりと持っている。

彼らは、まぎれもなく日本の世界進出を担う尖兵《せんぺい》だった。あの当時、大学生たちは商社に就職するために猛烈な競争を繰り広げていた。

その仕事のスタイルは、アメリカ国務省に勤める外交官のものと重なって見えたりもした。遠く離れた土地のポストに任命され、長期にわたり駐在をしばしば求められたりする。これらは外交官にとっても当たり前のことだ。

仕事をしながら同時に学び、ときには即興で機転を利かせなくてはならないこともある。ほぼ全員が似たような職務に就いてキャリアをスタートさせ、10年、20年という時間を経て、さらに上のポストに就くために選び抜かれていく。外交官の仕事は、商社マンと実によく似ているのだ。

第二次世界大戦後、日本が再建を果たしてきた時代に属し、実際にそれが実現するのを目の当たりにした彼らの人生は、光栄に満ちていたに違いない。

第二次世界大戦の結果がもたらした壊滅と言っていいほどの状態から立ち上がると同時に経済を再建し、新たな社会規範を打ち立てていく過程で、日本は世界から信頼と尊敬を勝ち取った。繁栄した国、世界との調和を実現した安全な国となった日本は、並外れた存在感を放っていた。

食品、飲料、映画、服飾、芸術、工業、技術など、ほとんどの分野で存在感を示せる国が世界でどれだけあるだろうか。数多くの分野で「日本ブランド」を築き上げることに成功した日本は、すべての国のお手本になり得る。

一定の教育を受けた平均的な外国人なら、すぐに日本にまつわる何かしらのことを述べることができ、しかもそれらはポジティブな内容ばかりのはずだ。これは日本が持つ素晴らしい財産であり、堅実な外交政策と多くの人の努力の賜物《たまもの》と言える。

日本と関わり始めた当初から、日本の驚くべき神秘と文化を感じる経験をしたのも、私にとっては貴重な思い出だ。

和歌山県を訪れたとき、名も知れぬ小さな神社を見下ろすアパートに泊めてもらったことがある。その神社は、木々が茂った静かな地域にひっそりと溶け込んだ、こぢんまりとしたものだった。

その夜は、台風が近づいているせいか荒れ模様で、月はまったく見えなかった。何気なく窓の外に視線を向けると、1人の女性が雨の降りしきる中、風に吹き飛ばされそうになりながら願掛けをしている姿が見えた。

つい最近の話をすると、東京でタクシーに乗ったとき、運転手がカーラジオのすぐ脇に小さな紙のカレンダーを貼り付けているのに気が付いた。それに目をやると、ある特定の日に、伝統的な暦で吉日とされる「大安」を略した「大」の一文字が、赤ペンで書き込まれているのが見て取れた。

こうした例は他にもある。何年も前に、九州の大手企業で重役を務める人物が、アメリカ領事館の私の公邸を訪れ、数秘術の一種である気学で私の運勢を占ってくれたことがある。彼が私に尋ねたのはいくつかの日付だけ。会うのはそのときが初めてだった。ところが彼の言うことは薄気味悪いほどに当たっていた。気学の世界の決まりとして、彼のような熟達した占星術師は一切の謝礼を受け取らないことも、このときに知った。

例はまだまだある。福岡で私は日本人の親しい友人たちとの夕食会に参加した。その日、友人の1人は、人の体から発せられる気のパワーを感じ取って、体の不調な部分を言い当てられるという人物をその夕食会に招いていた。そこでさっそく、私は彼に見てもらうことにした。

彼は、私が不調を抱えていたところに手かざしをすると、「ここが悪いですね」と明確に指摘したのだった。

もう1つは、平将門《たいらのまさかど》の霊の話だ。平将門の首塚（将門塚）は、私の現オフィスからそう遠くないところにある。

将門についての驚きに満ちた話を読んでから、私は途絶えることなく将門塚を訪れる人々の存在に気づくようになる。隣接する三井物産に至っては、本社ビルを建て直す際、この塚の保全に特別な気遣いをしていた。武人としての生き方を体現したこの1人の侍の魂の力をこのグローバル企業が十分に理解し、その力がこの地に宿っていることを信じて疑わない姿勢がよくわかる光景だった。

秋の肌寒い日、神田明神を訪れた私は神職に会い、将門についてさらに学んだ。その際、ここがどれほど深く東京の人たちに親しまれているのかを感じるのと共に、この神社が将門塚を護持していることを知る。千年以上も昔の武将に対する人々の畏敬《いけい》の念に、私はただただ感嘆するばかりだった。

朝日イブニングニュース社での貴重な記者経験

再来日を果たす前まで、私はフレッチャー法律外交大学院（フレッチャースクール）で勉強していた。だが、毎度のごとく学業生活に飽きてしまい、2年目が始まる前に1年間ほど休学し、記者として働こうと考えた。

どこからそんなアイデアが出てきたのかはわからないが、東京で記者をしようと思い立った私は、いくつもの日本のメディアに手紙を書くことにした。タイプライターで作成すると、図書館に足を運んで相手の住所を調べ、編集者の名前を宛先に記して発送した。

こうして骨を折って何通もの手紙を送り終え、反応を待っていると、返信をくれた会社が1社だけあった。朝日イブニングニュース社が奇跡的に私を採用してくれるというのだ。この会社はすでに存在しないが、親会社の朝日新聞社は今も日本の大手新聞社の1つとして存在する。

朝日イブニングニュース社は、小さなオフィスビルの中にあった。この会社の発行する英字新聞は、昔ながらの印刷機で刷られていた。

親会社である巨大な朝日新聞の陰に隠れ、発行部数では苦戦を強いられていたが、私は当初から記者や翻訳者たちのプロ意識の高さに感銘を受けた。彼らの仕事の質は高く、新聞も同様だった。編集長は、優雅な英語を話す上品な人で、ベトナム戦争時のサイゴンなどに赴き、戦地の塹壕《ざんごう》での取材経験を持っていた。彼は、そうした前線での仕事を懐かしむような人物だった。

1980年、ロナルド・レーガン大統領候補と現職のジミー・カーター大統領との間で最後のテレビ討論会が行われたとき、彼は単に外電や朝日新聞の記事に頼るのではなく、ラジオから流れる討論を私たちに聞かせ、独自の記事を掲載しようとしていた。

駆け出しの新入社員だった私にとって自慢の種の1つだったのは、4コマ漫画の『フジ三太郎』の作品集を翻訳する仕事だった。これは、英語を学習する日本の学生たちのために出版される予定のものだった。私はこの漫画から、典型的な日本の家族の日常に関する多くのことを学んでいく。

あるとき、朝日イブニングニュース社宛にタイ王国政府から招待状が届いた。インドシナ難民の状況を取材するためにバンコクに記者を派遣しないかという内容だった。ベトナム軍の介入により、カンボジアではクメールルージュの統治に終止符が打たれていた。だが、その時点で多くの人たちが故郷を離れ、難民となっていたのだ。タイはそんな彼らの主要な受け入れ先だった。

中でも、組織的、政治的、社会的な状況から見て、カオイダン難民キャンプは非常に深刻な問題を抱えており、世界から注目を集めていた。

シリアや北アフリカからの難民問題の複雑さや規模が、現在のように前例のないほどにまで膨れ上がってしまった事実を考えれば、カオイダンが抱えていた問題は十分制御が可能だったように思える。だが当時は、そんなふうに見ることはできなかった。

このとき、タイ政府は国際的な援助を求めていた。当時の状況から言って、日本は真っ先に援助を求められる国だった。

朝日イブニングニュース社は日系アメリカ人の若い記者を選抜し、タイへの派遣を決めた。段取りはすべて整った。ところが、出発の直前、派遣要員だった女性記者が突然、病気にかかってしまうのだ。そこで代わりに選ばれたのが、私だった。

女性記者には申し訳ないが、私は率直に興奮を覚えた。しかも、タイ航空のビジネスクラスに乗れると聞き、それまでビジネスクラスに搭乗したことのなかった私は、ますます高揚した。

到着した翌朝、私は東南アジア諸国連合（ASEAN）のメディア各社からやって来たジャーナリストたちのグループに加えられ、キャンプに向かった。

現地に着き、どこまでも広がるキャンプの様子を見て、新米記者の私は驚きを隠せなかった。人々はいかなる検査も受けることなく、キャンプへの出入りが自由に行われていたからだ。

さっそく取材を始めた私は、キャンプの現況並びに、タイ政府が国際社会から財政的な支援を求めている状況を報告するストレートな記事を書くことにした。

取材が終わり、キャンプを後にすると、私たちを乗せた小さなバスは狭い田舎道を走った。太陽に暖められた空気は湿っぽい。バスは、どこかさえもわからない場所の十字路で突然停車した。道路脇には数台のピックアップトラックが停まっているのが見える。

同乗していたタイ政府の役人は通路に立ち上がると、「クメールルージュの代表者たちと会いたいか？」と聞いてきた。もし会いたいなら、トラックが国境まで連れていってくれ、そこからはクメールルージュの指導者たちにインタビューができるキャンプまで案内がつくという。

言うまでもなく、誰もがインタビューを望み、大興奮しながら近くの国境に向かうことになった。

国境でトラックを降りてからは、徒歩でジャングルに踏み入った。長い距離を歩かされるかと思ったが、それは誤りだった。私たちはさほど歩くことなく、できたばかりなのがすぐにわかる、とても簡素なキャンプに到着したのだ。

迷彩色のテントカバーの下に置かれた机の向こう側には、悪名高いキュー・サムファンとその他の指導者たちが並んでいた。私は、頼りにしていたペンタックスのカメラを取り出して、慣れない手つきで写真を撮ると、即興的に始まった記者会見に参加した。

ビジネスライクで、リラックスした様子の彼らに私は衝撃を受けた。しかも彼らは、過去に〝間違い〟を犯したことをあっさりと認めたのである。タイ王国政府の斡旋《あっせん》により、私たちは今この場にいる……。あまりにも現実離れしているのではないか。そう思わずにはいられなかった。

インタビューが終わると、ナイロンでできた軍隊用の緑色ポンチョがお土産として配られ、ジャングルの中を再び歩いてバスに戻っていった。ちなみに、会見に関するニュースが報道されてから数日後、バッタンバンに近いこの会見場所がベトナム軍によって爆撃されたことを私は知る。

バンコクに着くころには、すでに夜になっていた。今日、自分の目で見てきたことをどうやって記事にまとめればいいのか。そもそも何を書けばいいのだろう。私にはお手上げだった。そこで私は、世界的に広範囲の取材網を有する朝日新聞の力に頼ることにした。

バンコク支局で特派員を務める横堀記者に電話をすると、彼はすぐに支局に来るように私に言った。記憶が正しければ、朝日新聞の支局は中級ホテルのプールサイドに面したところにあったと思う。私にとって、目の前で起きているすべてがスリリングだった。

一時しのぎのようなプール脇の部屋（そのように記憶している）に私たちは入った。横堀記者は感じのいい、実に穏やかな人だった。

手始めに彼は、私が書いてきた取材メモを声に出して読むように頼んだ。キュー・サムファンとのインタビューの場面に差し掛かり、「キュー・サムファンは、クメールルージュがASEANに加盟することを望むだろう」という彼のコメントを読むと、横堀記者は「それ、ニュースよ！」と声を上げた。

彼の助けを借りながら、私は取材した内容を記事として英語でまとめていく。それを見ながら横堀記者は、朝日新聞の紙面にも私の記事を載せていいかと聞いてきた。

記事を仕上げた私は、朝日イブニングニュース社のデスクに電話をかけ、自らのスクープ記事について手早く説明すると、横堀記者に手伝ってもらいそれを東京に送信した。

何といっても1981年のことだ。インターネットなどなく、ファックスがようやくどのオフィスでも定番の機器として浸透し始めたころだった。朝日新聞のファックスはドラム回転式で、横堀記者が機器内部のドラムに紙を巻き付けながら、光学スキャンさせ、スキャンしたイメージを送るという代物だった。こうした手順を経て、やっとのことで記事を送信した。

驚いたのは、彼は支局のカメラマンが現像してくれた私の写真も同じ手順で東京に送ったことだった。それを見届けた私は、ホテルに戻り、眠りに落ちた。

翌朝の便に乗って、私は東京へ戻った。元々タイに来るはずだったアメリカ人の女性記者は回復の兆しを見せていたが、まだ入院中だという。私は彼女のために蘭の花を買い求め、その大きな箱を携えていた。

それにしても運命とは不思議なものだ。あとになって知ったのだが、入院中の彼女を少しでも楽にしてあげるために、同僚のアメリカ人スタッフが親切心から足繁く病院に見舞っていたのだという。それが2人の仲を急接近させ、結婚にまでつながったのだ。

バンコク行きがかなわないとわかったとき、そう簡単に体験できない冒険を逃したと嘆いて気落ちしていた彼女だったが、終わってみれば彼女だけでなく、私たち全員に良運をもたらしたのだった。

外交に付きまとう〝アイロニー〟

私が書いた記事は、本来であれば、もっと話題になってもいいはずだった。ところが同じ日の朝、２つの大きな速報が飛び込んできたために、残念ながらその機会を逃してしまった。その速報とは、１つがレーガン大統領の就任式であり、もう１つはイランで拘束されていたアメリカ人の人質解放だった。その後、私の記事がどうなったのか今も私の記憶ではあいまいのままだ。

それにしても、タイ王国政府はなぜ私たちにクメールルージュと接触する機会を設定し、彼らの立場を宣伝させたのだろうか？　実はこうしたところから、外交というものがどう機能するのかがよく見て取れる。

ベトナムの歩兵隊は、カンボジアで残忍なクメールルージュによる統治を終わらせた。これにより、多くの難民を受け入れてきた隣国タイはもちろんのこと、その他の関係各国のほぼすべてが安堵した。だがその後、ベトナムはカンボジアに侵攻し、カンボジアの主権を侵していった。

安堵したのも束の間、このベトナムの動きを見たタイをはじめとしたその他の国々は、ベトナムによる主権侵害と勢力の拡大に反対していく。国際社会は、このベトナムの権勢拡張を封じ込めるためのカードとして、クメールルージュ政権の存在を認め続けたのだ。

仮に、クメールルージュがASEAN参加へ向けた意思表示をすれば、それ以降、彼らは国際的なルールに則って振る舞うことになるはずだ。それはタイ政府の利益とも合致する。こうした流れの中で、おそらくあの記者会見は設定されたのだろう。

ただし、こうした外交的な工作がうまく機能するのは、それ以外に手立てがないときだけに限られる。実際には、カンボジア国内においてベトナム軍が強固な存在感を示したおかげで、クメールルージュがジャングルの中から姿を現し、再び権力を握るようなことはなかった。外交には、アイロニーとも言える奇妙な現実が付きまとうものなのだ。

あれから何年も経ってから、老年となり、か弱い姿となったキュー・サムファンの写真を私は見た。彼はまだカンボジア国内で生き延びていたのだ。そして現在、彼は逮捕され、裁判にかけられている。

私がジャングルの中で会ったとき、彼はエネルギーの塊のようであり、洗練された国際感覚で自らの役回りを演じていた。そして今、老いてもなお生き続けている。果報なのか、罰なのか、私にはわからない。確かなのは、彼が深く関わった何百万という人たちの死には、平穏なものは1つもなかったということだろう。

世の中は公平にできていない。これも外交の教訓の1つだ。だが私は「水は低きに流る」のごとく、外交の世界においても普遍のルールが働くと信じている。遅かれ早かれ、人々の意志が勝つときがやって来る。ただし、その瞬間がやってくるまで、途方もなく待たされたりもする。

「ジャパン・アズ・ナンバーワン」と呼ばれていた時代の日本

朝日イブニングニュース社での勤務のあと、私はAP通信の東京支局に雇われた。1964年、日本は開催国として、東京オリンピックを見事に成功させていた。続く1970年の大阪万博、1972年の札幌冬季オリンピックでも大成功を収めた。これらの時代を振り返るとき、私の記憶は、東京タワーの影の中に収まるように建つ東京プリンスホテルをどうしてもさまよい始める。

このホテルの建物は、オリンピック開催の直前に完成した。今はもう閉じられてしまったが、つい最近まで、開業時の写真やアメリカのジミー・カーター大統領がホテルに立ち寄ったときの写真、それまで宿泊してきた外国要人たちの写真などを展示するギャラリーがあった。それらの写真からは、日本の最高峰のサービスを提供しているという莫大な誇りが感じられたものだ。

ホテルの裏手に回ると、天ぷら処の小さなカウンターと寿司処がある。実にたくさんの外国人観光客がこの場所で、異国情緒に富んだ日本食を初めて口にしたのではないだろうか。今となっては変わってしまったものもあるが、ここには昔と変わらないものがまだ多く残っている。

１９８１年のテレビドラマ『将軍 ＳＨＯＧＵＮ』の放映は、戦後日本の大衆文化史の中で影響力の大きい出来事の１つだったと言っていいだろう。１９６４年の東京オリンピックが終わり、エズラ・ボーゲルの著書『ジャパン・アズ・ナンバーワン』が出版され、そして『将軍 ＳＨＯＧＵＮ』があった。この時代とほぼ重なり合うように、寅さん映画も不動の人気を博していた。

日本が『将軍 ＳＨＯＧＵＮ』ブームに沸いていたころ、原作者のジェームズ・クラベルが来日し、外国人記者クラブで会見を開くというので、取材に行ったことがある。

会場はにぎやかそのもので、クラベルは突飛な質問を数多く受けていた。例えば、作中の登場人物のセリフに関し、「16世紀の日本人たちは、『すみません』という表現を使っていただろうか？」といった類《たぐい》の質問だ。

「ここにいる皆さんの中で、当時の人々が『すみません』という言葉を使っていなかったと断言できる方はいらっしゃいますか？」

クラベルは、揚々として記者たちの質問に応答していた。１９７５年に本が出版され、テレビドラマ化も成功し、彼は人気の絶頂にあった。記者とのやり取りすべてが楽しみに満ちた会見だった。

日本人にとってクラベルとの遭遇は、自らを第二次世界大戦の物語から解放し、それよりもずっと前の日本史の物語へと立ち返らせる絶好の機会を与えた。そのゆえに、彼らはクラベルの会見に引き付けられたのである。

ちょうどこのころ、日本と欧米諸国は貿易戦争に突入し、衝突が激化していた。そうこうするうちに、日本のGDPは近い将来、アメリカのGDPを追い抜くだろうと粛々と予想する人たちも現れた。

だが、そんなきな臭さをよそに、東京の夏は、人でごった返したビアガーデンや隅田川花火大会のにぎやかさ、蟬の鳴き声、人をくたくたにさせる通勤、成長達成の充実感、復興、敬意、より良い生活の実感であふれかえっていた。

日本で起きた〝将軍フィーバー〟は、戦後の焼け野原から始まって、東京オリンピック、『将軍 SHOGUN』、『ジャパン・アズ・ナンバーワン』、バブル景気、長きにわたって続く停滞期、そして来るべき素晴らしい日本の未来へとつながる軌道上の重要な記録点だったと、私は考えている。

以前、総理大臣を務めた経験のある人物と夕食を共にした際、100年以上にわたり営業を続ける世界の4万の企業のうちの2万7000社（諸説あり）が日本に存在すると教えてくれたことがある。実際、今も現存する世界最古の企業は日本にある。

アメリカ人として、日本が直面しているとても実存的な課題を考えるとき、私はこの人物が教えてくれた話をよく思い出す。

これまでにもあまたの課題に我々はぶつかり、それらを乗り越えて生き残ってきた。だから今度も乗り越えられる——。

そんな気概が日本企業の経営者たちからは感じられるのだ。この気概はおそらく、この国の人たちの中に組み込まれたDNAから発せられているのではないだろうか。

ある人は、こんなことを言っていた。

地震、火山噴火、大火、津波、戦争によって絶えず大きな被害を受ける国々がある。日本もそうした国の1つだが、そこに住む人々は力強さを発揮し、決意と不屈の精神をもって常に立ち上がる——。

この点については、日本は他に類を見ない、もしくは日本に類する国はほぼ存在しないのではないか。

独特の美しさをたたえる伊勢神宮を例に挙げてみよう。こちらで行われる式年遷宮では、20年ごとに殿舎が造り替えられる。こうした儀礼の中に、日本を理解するための意味深長な何かが隠れているような気もする。

六本木を走る道路沿い、石壁に囲まれた小さな高台の上に、窓が多く、すっきりとした輪郭の美しさが印象的な国際文化会館がある。ここは、私たちのように日本について研究する者にとって名高い施設だ。

日本を訪れる研究者の宿泊先として使われたり、日本語について、はたまた自由民主党の将来についての討論が行われたりすることもある。諸外国と日本の関係を下支えする多くの組織が、記念日などにレセプションを開いたりもするような場所だ。

この場所の持つ独特の雰囲気に触れたくなり、私は時々、ここを訪れる。日本学の研究者たちの聖域であるこの場所も、時代を経て変化してきた。日本の文化、学術、教育などの分野での国際交流を支える役割を更新させながら、この先も輝かしい未来を感じさせてくれると思う。

ベストセラーとなった『ジャパン・アズ・ナンバーワン』が刊行されて2、3年が経ち、すでに名声の頂点に立っていた時期は過ぎていたが、私は作者であるエズラ・ボーゲルと一緒にタクシーに乗って国際文化会館に出かけたことがある。日本では誰もが知る学術界のこの人気者を乗客に迎えたタクシー運転手はとても興奮し、道路から目を離さずにいるのが難しくなるほどだった。80年代前半、彼が取り上げたテーマは世界中の人々の関心を呼び寄せていたのだ。

この当時、私は作家の北杜夫と交友関係を持ち始めた。東北の名家を出自とする北は、悠々自適の人生を送っていた。彼自身が築いた家族も素晴らしく、聡明で献身的な妻と、北と同じように文筆家である娘と暮らしていた。

このころの日本は隆盛を極めていた。日本経済はアメリカ経済を失墜させるだろうと予測され、日本の経営スタイルに打ち勝つのは不可能のようにも見えた。

あるとき、次作の一場面のために取材が必要だという北と連れ立って、日本のディスコに行ったことがある。「ジャパン・アズ・ナンバーワン」という時代の趨勢《すうせい》に逆らって、北は〝ジャパン・アズ・ナンバースリー〟だと言い切っていたのが印象的だった。脂の乗った筆には多くの読者が魅了され、彼が繰り出す皮肉には固い真実が埋め込まれていた。

これはアーティストと呼ばれる人たちが持つ洞察力のほんの一例ではないだろうか。以前、著名な芸術家の方に、「アーティストの果たす役割とは何でしょうか?」と尋ねたことがある。すると彼は、何のためらいもなく「将来を創造することだ」と答えた。

日本のボリューム豊かな新聞の朝刊を手に取ること以上に生産的なものはないと私は思うときがある。個人的には、朝日イブニングニュース社で働いた懐かしい思い出があるため、朝日新聞を手にしがちだが、読売新聞であっても、その他の全国紙でももちろんいい。コーヒーショップで席を見つけ、1時間ほどかけて広告欄も含めて1面から最終面まで読んでいく。その時間、私はしばしば他国の機密情報を与えられた外国の秘密工作員になった錯覚に陥り、他では決して見つけることのできない情報の山を発見した気分を楽しむ。これらの情報はすべて公開されており、しかも安価で手に入るのだ。才能豊かな記者によって書かれた政治、経済、文芸、ポップカルチャーに関する記事が詰まった新聞は、まさに宝の山のように映る。

外交官として、私は常に赴任地の新聞を詳細に読む時間を作ってきた。同様に、その土地のニュース放送にも耳を傾けてきた。これは日本にいる今も変わらない習慣だ。

２０１８年に日本で公開された映画『ペンタゴン・ペーパーズ／最高機密文書』（原題：『The Post』）は、いかにしてワシントンポスト紙がペンタゴン・ペーパーズと呼ばれる最高機密文書を紙面で公開するまでに至ったかを描いていた。この映画を見たとき、私の脳裏には、東京で記者として働いていた時期の数多くの記憶が蘇《よみがえ》ってきた。

元々は海兵隊員で、のちに平和運動家に転じたダニエル・エルズバーグが、非核化を推進するために東京を訪れ、アメリカの核政策を批判したことがあった。このとき、私は記者会見に出席している。

その後、彼の同行者と共に、彼の宿泊先の部屋を訪れたことを考えると、私は記者会見のあとに彼と連絡を取り合ったのだと思う。彼の同行者は、スパイ映画にでも出てきそうな非常に厳しい表情をした女性で、北欧系の人に見えた。

部屋に入ると、エルズバーグは何気ない感じで分厚い書類の束を私に手渡した。それは、1950年代に書かれたアメリカの核兵器政策に関する最高機密文書だった。彼は、すでにその文書は機密指定を解除されていると思うと言い、その内容は日本の読者にとって興味深いものになりうるはずだと付け加えた。そこで私はこの文書を持ち帰り、ベトナム戦争時に従軍記者をしていたタフなデスクに見せた。

ところが、彼は一言、〝やつの糞みたいなネタをオレが掲載するわけないだろ!〟と口汚くののしり、即座にボツにしたのだった。

第３章　アメリカ合衆国国務省

カリフォルニア大学バークレー校で学んだ日本語は、私をアメリカ・カナダ大学連合日本研究センターに結び付け、さらにはその後進学することになるフレッチャー法律外交大学院（フレッチャースクール）とのつながりを作ってくれた。そして最終的に、私は外交に携わることになる。

アメリカ・カナダ大学連合日本研究センターは、別名スタンフォードセンターとも呼ばれ、１９６０年代初めに設立された組織だ。アメリカとカナダの有名大学の日本語教育セクションは、より高度な日本語教育のために博士課程の学生たちが日本で学べる場所を求めており、その受け皿として発足している。

元々は、東京・紀尾井町のこれといった特徴のない簡素なビルがセンターの所在地だった。その後、日本政府や日本財団、東京倶楽部《クラブ》、さらに渡邉利三をはじめとした人々からの寛大な寄付を受けると、招き入れてくれた横浜市に移り、今もそこで運営されている。

私がこのセンターに通っていた１９７０年代後半のころ、同窓生のほとんどは、芸術や歴史、その他の社会科学分野の博士課程にいた。そして現在、学生たちの大半は、ビジネスやアニメ、その他の分野に力を注いでいる。彼らの中には、日本政府が行っているＪＥＴプログラムという優れた事業の元参加者も多い。このプログラムは、私がこれまで見てきた世界中の国際交流事業の中でも最も成功を収めているものの１つである。

センターには、中国語を流暢に話す優秀な学生がいた。彼が次に挑戦していたのが日本語だった。しかし、なかなか思うようにいかずに、苦戦していた。

彼は、教師陣が自分の表現の自由を奪っていると感じており、それに不満を抱いていた。あるとき私は、彼が「自分があることを言おうとすると、教師は日本語で『この場合は、○○と表現すべきだ』と言う。でも、自分が言いたいのはそうじゃないんだ！」と叫んでいたのを聞いたことがある。

いずれにしても、彼は明らかにつまずいていた。その後、日本に関する勉学がうまくいったのかどうか、私にはわからない。

教師陣は正しかったと私は思う。こうしたケースは、外交の現場での教訓にもなる。その国でうまくやろうと思ったら、その社会のしくみや環境の中でコミュニケーションをはかるべきなのだ。自国の聞き手に対するのと同じように、いかなるフィルターも通さずに、外国の聞き手にも思ったままの意思表示ができる場所が、もしかしたらどこかにあるのかもしれない。だが私には、そんな場所がいったいどこにあるのか想像すらもできない。

私に深い影響を与えたフレッチャースクール

フレッチャースクールに通っていたとき、教授の1人が、「ここは単に国務省の外交官になるための準備をする場所ではない。まさしくここが、国務省である」と言ったことがある。のちに、それを証明するかのような出来事に私は遭遇している。

アゼルバイジャンの首都バクーで首席公使を務めていたときのことだ。私は、イルハム・アリエフ大統領との初面会のために大統領官邸に出かけて行った。その際に接した大統領の側近は、外交官出身でまだ若く、とても洗練された素晴らしい英語を話す人物だった。

プレジデンシャルアパラートと呼ばれる大統領官邸は、カスピ海の近くに建つ大理石と花崗岩が壁面に施された巨大な建物だった。

面会はつつがなく終わり、側近がわざわざ見送ってくれた。私たちが、ソビエト時代でなければ何人《なんぴと》も建てられなかったであろう巨大な建造物のがらんとした出入口に近づいたとき、そのアゼルバイジャン人の側近は、私に向かい、「ジェイソン、あなたと同様にフレッチャースクールで学んだ者の1人として……」と切り出し、同窓生としての親愛の証《あかし》を見せるかのように私にアドバイスを授けてくれたのだ。

これまで世界の色々なところで職務を果たしてきたが、フレッチャースクールの卒業生が活躍していない場所を見つけるのは難しい。

フレッチャースクールは元々、1933年にタフツ大学とハーバード大学の共同で開院された。国際関係学ではアメリカで最も歴史の古い大学院で、現在は、タフツ大学によって運営されている。年代を重ねて、外交官だけでなく、国際的な銀行家や学者、開発専門家らを数多く輩出する大学院として知られる。

アメリカ国務省とフレッチャースクールの両者には、文化的な相似点が多い。例えば、政治理論に対してよりも、各地域の理解、言語の習得、現地の人々の視点を知ることに力を入れるところだ。両組織共に、物事をうまく機能させる手段を見つけ、実際にそれを実行することに重点を置いている。

フレッチャースクールで学ぶ中で経験した多くの出来事は、私に深い影響を与えている。それらのいくつかを紹介してみたい。

フレッチャースクールでは、CIAのテロリズム研究センターを率いていた経歴を持つ教授がテロリズムについて教えており、私はその授業を受けている。

彼によれば、テロリストたちの力は、国家が持つ力のほんの断片でしかないと認識しておくことが重要だという。

それを踏まえた上で、第一に、テロリストたちは、国家が彼らの行動に対して過度に反応するのを望むとのことだった。もしそうすれば、彼らの思うつぼにはまる。テロリストに対する国家による過度な反応は、多くの国民を国家から疎外させる。

第二として、テロリストが勝利できるのは、国家が彼らに屈したときに限られると教授は言った。したがって、テロの脅威に対処しなければならない重苦しい暗黒の時期に、仮に国家がその事実を忘れて屈してしまえば、テロリストに自ら勝利を与える結果になってしまう。これが教授の考えだった。

自身もフレッチャースクール出身であるこの教授が、かつての同窓生のエピソードを聞かせてくれたことがある。その同窓生は、自分の出身国で反政府活動をしていたため、逮捕されて牢獄《ろうごく》につながれていたそうだ。だが、彼のように自国で活動を行い、さらに獄中生活を送るという体験は、将来、その国を率いる立場に就くために必要となる信任状の1つになるとのことだった。教授のその言葉は、私にそれまでとは異なるものの見方を教えてくれた。

その後、外交官になった私は、教授の話が正しかったことを見せつけられるかのように、元反政府活動家という「名誉のバッジ」をつけた数多くの国家リーダーに出会っていく。

何世代にもわたってフレッチャースクールで国際法を教えてきた優秀な教授の授業を受けたときには、法の力に関する実にわかりやすい逸話も聞いている。

まず彼は、シャム（タイ王国の旧名）は東南アジア諸国で植民地にされなかった国の1

つだったと語り、その理由として、東インド会社の社員たちがシャムの海岸沿いに上陸した際に、シャムの役人たちが次のような特定の質問をしたからだと続けた。

「あなたたちは、イギリス政府の公式な代理人ですか？」

「東インド会社はどのような法的な権威を有していますか？」

これらの質問を紹介すると、その教授は、シャム王国の役人たちは法の力を使って東インド会社とのやり取りを管理しようとしたのだと教えてくれた。

フレッチャースクールでは、学生がカフェテリアで夕食を食べる際、スーツとネクタイの着用を義務付けていた。私が入学したときは、ちょうどそのルールが変更になり、着用義務はなかったが、フレッチャースクールにはそうした学風がどこか漂う。

ここはまた、ソビエト体制の内部機構や複雑な核抑止政策を学ぶ場でもあった。

2017年11月、来日した退役海軍大将のジェームズ（ジム）・スタブリディス学長（当時）を訪ねた。ジムと私はフレッチャースクールでクラスメートだった。海軍兵学校ではラケットボールのチャンピオンの座をつかみ、海軍で期待の星として将来を嘱望されることになる彼は、フレッチャースクールでもやはり強烈な印象を放っていた。

彼は、フレッチャースクールが輩出しようと考える典型的な卒業生だった。

現地での実体験を通じて外国の文化に純粋に根差し、片言が喋《しゃべ》れる程度というレベルではなく、それに熟達し、歴史の知識や外交理論についても精通し、軍事力の効果的な行使について冷静で健全な評価を下す――。

ジムは、フレッチャースクールが望むこれらすべての素質を兼ね備えていたのだ。

その能力をいかんなく発揮し、彼はドナルド・ラムズフェルド国防長官の上級軍事補佐官、NATO欧州連合軍最高司令官を筆頭に、その他いくつもの重要な任務を果たしてきた。

来日したジムを訪ねる10年ほど前にも、ラムズフェルド長官のアゼルバイジャン訪問に随行していた彼と現地で一緒になったことがある。アゼルバイジャンはアフガニスタンへと通じる戦略的な要衝であり、ラムズフェルド長官は複数回にわたってここを訪れていた。

訪問団一行は、500年の歴史を持つキャラバンサライ（隊商宿）を改装したレストランで夕食を楽しんだ。ここは、伝統的なアゼルバイジャン料理を供するレストランで、味にも定評がある。

ラムズフェルドのすぐ傍らで颯爽《さっそう》とふるまうジム。リラックスした様子でビールを注文する彼の姿は、自分の居場所をしっかりと見つけた人物に映った。

実地で学べ

フレッチャースクールから国務省へ――。これは既定路線のようなもので、私にとっても自然な流れだった。とはいえ、決断前に調査をしたり、しっかりと熟考したわけではない。確か一度くらいは国務省を訪れたと思うが、実際にキャリア外交官に会うこともなかった。そんな状態のまま、入省するための長い研修プロセスに参加し始めたのである。

国務省の特徴の1つは、多種多様な背景や経歴を持った人たちが集まってくるという点だ。彼らのほとんどが、現地に派遣されるまでに、外交官としての特別な訓練を受けることはない。つまり「実地で学べ」を是としており、〝生きるも死ぬも自分次第〟という職業なのだ。私は、最初の職務に就いてから退職するまでの間、一貫してこの姿勢が気に入っていた。

エキゾチックな国に住むのを好み、外国語を学ぶのを厭《いと》わず、他に類を見ない国際問題を解決するために機転を利かせて動くというスタイル。これらを公務として遂行することにやりがいを感じるのであれば、外交官の仕事はうってつけだ。

東アジア・太平洋局に、私をよく指導してくれたベテラン外交官がいた。その彼の人生を変えたのが、「国があなたのために何をしてくれるのかを問うのではなく、国のためにあなたは何を為すことができるのかを問うてほしい」というジョン・F・ケネディ大統領の言葉だった。この言葉に感銘を受け、彼は外交官になったという。

外交官というと、生まれながらにして裕福で、アイビーリーグを卒業した人たちだけのクラブというイメージを持つ人は依然として多い。だが、今現在の様子は、そのイメージとは大きくかけ離れている。有能な外交官たちは、社会のすべての層、異なる大学の出身者であり、各自の幅広い経験を実際の仕事に役立てている。

今はどうか知らないが、私が国務省に入ったときは、外交官になる条件として学歴の規定はなかった。確かに、成果を上げている外交官のほとんどは、大卒以上の学歴を持っている人物が多いのは事実だ。しかし、ウクライナ勤務時代に一緒に働いた同僚の外交官は、大学を卒業していない人物だった。彼は一度、オックスフォード大学に入学したのだが、すぐにでも国務省に入って外交官になりたかったので、すべての単位を取得する前に大学を辞めていた。日本の外務省でも同様のケースがあると聞いたことがある。学歴を条件としていないのは潔いと思う。

制度に多少の変化はあったとしても、国務省は私が志願したときのように、今も継続的に外交官の採用を行っている。その一連のプロセスをここで紹介しておこう。

まずは、広範な知識を問う記述式の「外交官試験」に合格しなければならない。この試験は、全米各所かつ在外アメリカ大使館で実施され、アメリカ市民であれば誰でも受験可能だ。ただし、受験者は20歳から59歳までの年齢である必要がある。

この試験に合格すると、専門家を前にした終日の面接試験に召集される。この面接試験は、受験者を不安に陥れることがしばしばある。

面接試験を受ける際、受験者たちは小さなグループに割り振られる。これは、個人面接の他に、グループ作業の評価も行われるからだ。私がこの面接試験に臨んだとき、極度に緊張して冷や汗をかいてばかりいたグループの中の1人が、昼食に出かけたまま戻って来なかった。彼のようなケースは決して珍しくない。

この面接に合格すると、身辺調査やメディカルチェック、全体的な資質の再調査のための本格的な書類作業が始まる。このプロセスは長引く場合が多い。ただし、これにパスすると、すぐに任務を与えられ、考える暇も与えられないほど短期間でその職務に就くことが求められる。それができなければ、いつ来るかわからない次の職務命令を待ち続けなくてはならない。

これほど長く、難しいプロセスを強いるのは、最も忍耐強く、根気のある人材だけを外交官として抱え込みたいという考えがあるからではないかと、私は時折考えたりする。忍耐と根気は、外交官にとって任務上の成果を上げるために重要な要素だ。

外交官になると、「世界のいかなる場所にも赴きます」という書類にも署名させられる。

これにより、国務省は合法的に私たちをどこにでも派遣することができる。もしもそれを断れば、辞職しなくてはならない。

面白いのは、私を含めて非常に多くの国務省の外交官が、困難な場所、あるいはエキゾチックで予想もできないような場所に赴任したがっていることだ。したがって、それがどこであっても、赴任希望者に不足が生じているという事実はない。

2001年9月11日に起きたアメリカ同時多発テロ事件以降、国務省の外交官たちはイラクとアフガニスタンで何年も過ごしてきた。この間、国務省は外交官に現地派遣を命ずる必要はなかった。私も含め、志願者が大勢いたため、その中から選抜すればよかったのだ。

私が国務省に入ったときは、まず「A－100」と呼ばれるオリエンテーションとトレーニングが行われた。開催場所は、ワシントンDCからポトマック川を渡ったバージニア州ロズリンにある古くて何の変哲もないガラス張りの鉄筋オフィスビルの中だった。

当時のロズリンは、1階のテナントに軽食店が入った政府関連のビルとホテルがあるばかりで、とても単調な雰囲気の町だった。ここはまた、ウォーターゲート事件で有名になった駐車場があるところとしても知られる。

1976年に公開されたハリウッド映画『大統領の陰謀』の中で、ロバート・レッドフォード扮するワシントンポスト紙のボブ・ウッドワード記者が、ニクソン政権内部の情報屋「ディープスロート」とその駐車場で密かに接触するシーンが再現されている。ここはちょっとした名所になっていて、屋根付きの駐車場のコンクリートの入り口には、その事実を記した銘板まである。

ロズリンは、DCエリアで最も魅力的な場所とは言えないが、便利さからすると、ベストエリアの1つに入る。ポトマック川がちょうど蛇行する地点の岸辺に位置し、そこからキーブリッジを渡りながら活気のあるジョージタウンに向かって散歩するのは実に気持ちがいい。もしくは、ルーズベルトブリッジからリンカーン記念堂、国務省、ナショナルモールへと短いドライブを楽しむのにもいいところだ。

私たちのほとんどは、大学院生や何らかの短期的な仕事に就いていた者、もしくは外国で暮らしていた者たちであり、まだ若く、十分なお金を蓄えていない人が多かった。そんな私たちにとって、A－100の期間中の待遇は最高と言えた。なぜなら、宿泊費、食費、その他の雑費を賄うための日当が支給されたからである。

毎夕、私たちは小さなグループに分かれると、ジョージタウンやバージニア州北部のレストランに出かけて行った。週末になると、皆で集まって、モノポリーのようなボードゲームで遊んだ。スペイン語の研修も行いながら過ごしたほんの8カ月という短い期間だったが、私の人生の中であの8カ月は、最も心地よくのんきに過ごせた期間の1つだった。

Ａ－１００は、名目上は研修だが、実際は外交官になるための研修と言うよりも、私たちが足を踏み入れようとしている官僚というキャリアがどういうものなのかについて知り、仲間たちと絆《きずな》を築くのが主たる目的と言えた。

忘れ難い3つの講義

Ａ－１００の期間中、今でもその内容をよく覚えている３つの講義があった。まず１つ目は、健康維持の重要性を教えてくれるもので、この講義がプログラムに組み込まれているのにはいくつかの理由があった。

この講義を担当していた講師は飲酒についてかなり寛容な考え方を持っている人物だった。今となっては信じがたいが、かつては「自らの肝臓を祖国に捧げるのは外交官の職務の１つ」などと言われる時代があったのだ。したがって講師は、私たちが将来、数多くの飲酒の機会に触れることを熟知していた。朝食のシリアルにまでビールを注ぐようになったら、医者に相談しなければならない——。講師からはこんな注意喚起がなされた。

幸い、私はそこまでやることなく職務を果たし終えた。ただし、インドネシアの人里離れた村で、ベテランの大使から「シリアルにかけるミルクがどうしても手に入らないときは、ジュースか炭酸飲料、もしくはビールをかけて食べてもよい」とアドバイスされた経験はある。

2つ目の講義は、国際政治と人の経験における地理の力についてだった。この講義を担当する講師は、生物というのは、生き残って繁栄するために、捕食者から逃げる方法を探し求めるものだと話した。その捕食者とは、大抵、彼ら自身の元々の住処にいる。では、人間の元々の住処はどこだろうか？　ジャングルが答えだった。

人間にとって、最も危険な捕食者とは何だろうか？　その答えは、微生物である。

人はジャングルを出ると、種として繁栄するようになった。ところが問題が1つ生じた。元々の住処であるジャングルの中で暮らしていた人間は、微生物に対して免疫を持っていた。ところが、そこから出ていくと、人は免疫を失ってしまった。そのせいで、微生物が無防備な現代の私たちを捕らえると、その衝撃は破壊的なものになるのだ。

彼は、南米が原産のじゃがいもの例を示した。南米が元々の〝住処〟だったじゃがいもがヨーロッパに持ち込まれると、新たな地で見事に根付いていった。だが、疫病がアイルランドやその他の地域で発生し、じゃがいもがそれにやられてしまうと、破滅的な飢饉《ききん》がもたらされた。

この他、人が新たな土地を見つけて移住したときに起きる破壊についての話があった。この講師がまだティーンエージャーのころ、友だちと一緒に森に猟をしに行っていたそうだ。「何を獲りに行くのか？」と聞かれると、「獲れるものは何でも」と答えていたという。

未開の森を切り開いて道路を作るときも、人は同じような考え方で徹底的に樹木をなぎ倒してしまう。その結果、そこに住んでいる野生生物たちは一気に激減してしまうのだ。

この話が、今日ほど大きな意味を持つことはないのではないか。

私にとって特に印象深かったのは3つ目の講義だった。この講義を担当する講師は、特別交流プログラムで招待されたというソビエト連邦の現役官吏であるとのことだった。ソ連の農業関係の官吏である彼は、アフガニスタンで勤務した経歴の持ち主だという。講義は強いロシア語訛《なま》りの英語で行われ、ソ連のシステムの利点と、同国がアフガニスタン各所で行ってきた支援事業（製パン工場の建設など）がテーマだった。

講義の最後になって、サプライズがあった。講師の正体は、実は退職したアメリカ国務省の元外交官であると明かされたのだ。ここに込められた教訓は、雰囲気や事前に伝えられた情報に惑わされてはいけないということだった。

外交官たちは、のちにキャリアを積んでいくようになると、お互いに競い合う関係となる。しかし、最初の職務に就く段階では、国務省の決定を待つのみだ。例えば、研修クラスに38人いたとしたら、国務省は38の下級ポジションを用意し、新人外交官たちに任務を振り分けていく。これに先立ち、新人外交官側から国務省に希望する任地を伝えることは可能だ。だが、希望どおりにいくとは限らない。

私の場合、幸いなことに希望がかない、グアテマラが最初の任地となった。

この国は、大自然の美しさと豊かな歴史に恵まれていることで知られている。しかし当時のグアテマラは内戦状態に陥っており、暴力がいたるところに蔓延《まんえん》していた。そうした事情もあり、「そこが君の行きたいところならば、すぐにでも行ってもらう」という状況にあったのだ。

国務省では、新人外交官たちに任務を授ける日を「フラッグデー」と呼んでいた。その理由は、この日、任地に決まった国の旗がそれぞれに手渡されるからだった。国務省では、ちょっとした楽しみとして非公式にこの儀式が執り行われていた。


国務省は、異なる経験をし、言語にも通じた多様で情熱的な人材の集まりなので、それぞれが独自の関心を持っており、特定の任地に希望が集中するケースは周囲が思うほど多くはない。ドイツのフランクフルトを望む人がいるかと思えば、南アフリカのプレトリアやチュニジアのチュニスに目を向ける者もいる。

しかしそれでも、任命された赴任先に不満を抱く者は皆無ではない。私がいたA－100の研修クラスの中にも、予期せぬ任命によって望みをくじかれ、気が動転していた仲間がいた。そのうちの何人かは、幸先の悪いスタートを切ることでキャリアに傷が付き、そのダメージから完全に回復するのは難しいと嘆いていた。

「フラッグデー」を迎えた新人外交官たち。前から2列目の右から2人目が著者

すでに述べたとおり、国務省はすべての外交官から「世界のいかなる場所にも赴きます」という署名を得ており、思いのまま人員を派遣できる。その一方で、数年ごとの異動に関して、個人の希望を聞き入れるために〝入札方式〟も採り入れている。この入札方式がどのようなプロセスで行われるのかを各自が知れば、次の赴任地に関して、大体満足のいく結果を得られるような仕組みになっていた。

実際のところ、私たちの誰もが、早い段階でこのプロセスについて熟知していくことになる。もちろん、第一希望が通らない場合もある。ただし、個人の理由によって、どうしても避けたい赴任地がある場合は、あえてその人物をその地に任命するようなことはない。「世界のいかなる場所にも赴きます」と宣言してはいるものの、赴任を強要されるケースはほとんどないと考えていい。

通常の例では、各国の大使館へ3年間の赴任を命じられ、任期が終わる1年前の夏に、世界中を対象にした赴任先の〝入札リスト〟を受け取ることになる。それを見ながら外交官は自分の希望を決め、秋になったらその希望を本省に伝えていく。すると大抵、年末もしくは年始に新たなポストを正式に拝命できる。

送られてきた入札リストを見れば、どんなポストに空きがあるのかがわかり、非公式ではあるが、今後、どのポストが応募可能になるのかもだいたい予測できる。

このリストは、世界中に散らばる無限の機会を私に与えてくれる貴重なものだった。見たことも、訪れたこともない国や都市に向かい、新たな言語を身に付けていく自分の姿を想像するだけで、いつも気持ちが高揚した。キエフにある在ウクライナ大使館で政治担当の公使のポジションに空きができるのを知ったときは、特に大きな気持ちの高ぶりを感じたものだ。

来年の自分がどこで生活をしているのかわからない——。そんな不確実性に刺激を感じるようなら、外交官はうってつけの仕事だ。なにしろ、こんな生活が入省後、20～30年は続くのだ。外交官として仕事を始めてから辞職するまで、私は一度もあの高揚感を失うことはなかった。

外交官に向いているパーソナリティとは？

ＩＮＴＪ。

見慣れない文字の羅列かもしれない。実は、これはある1つのパーソナリティタイプを示すもので、多くの外交官に共通するパーソナリティと言われる。

国務省では、新人外交官が入ってくると「マイヤーズ・ブリッグスタイプ指標」をベースにしたテストを実施し、内省的自己申告をさせている。これはある種の心理テストのようなもので、設問に答えていくと、自分の性格が16のパーソナリティのどれに当てはまるのかがわかってくる。

この指標は、精神科医で心理学者のカール・グスタフ・ユングの研究を基に、独学で心理学者となったマイヤーズ、ブリッグスという母娘《おやこ》によって1920年代に開発されたもので、これを取り入れたテストは世界で最も幅広く利用されている性格分析法として知られている。国務省ではこのテストを大々的に活用しており、専門スタッフを抱えるほどだった。

ＩＮＴＪは、16のパーソナリティの中で希少とされるタイプの1つだ。その一方で、外交官の間では最も多いタイプと言われている。

ＩＮＴＪは、ストラテジスト（戦略家）という別名で呼ばれたりもする。要は、内向性、直観性、思考力、判断力がバランスよく備わっているタイプとされているのだ。本当かどうかは半信半疑だったが、入局時に受けたテストで私はこのＩＮＴＪに分類された。

危機の最中で苦境に立たされるとき、頼るべき人物のパーソナリティタイプについて私はよく考える。ある人は救急室のスタッフに向き、ある人は単独でリサーチするのに向いている。またある人は、衆目を集めることでがぜん能力を発揮する。日常とは違い、危機のときはこれらすべての人材が必要となる。

国務省の専門スタッフによれば、人のパーソナリティには、内向型「Ｉ（introversion、ＩＮＴＪの『Ｉ』を指す）」と外向型「Ｅ（extroversion）」があり、両者の違いは次のようなシチュエーションで表に出てくるという。

ＩとＥが会議に出席している。Ｅは会議終了後、すぐにどこかに出かけようと考え、Ｉに声を掛ける。しかしＩが「疲れている」と言って誘いを断ったため、２人は自分たちが宿泊しているホテルの部屋に戻っていく。１時間ほどすると、今度は〝充電〟を終えたＩが、Ｅに外出しようと声を掛ける。ところがＥは、部屋に戻ったことで外に出かけるという活力がそがれ、もはやそれに関心を示さない――。

外向型であるEは、人とコミュニケーションをすることでエネルギーを得る素質を持つ。それゆえに、ホテルの部屋に戻って1人になったことで力の源を失い、外出するという活力を減退させてしまったのだ。一方、内向型のI（私がこれに当てはまる）は、周囲に人がたくさんいると、疲れてしまう傾向がある。そこで1人の時間を欲するのだ。そして1人になってエネルギーの充電を済ませると、活力を得て外出したくなる。IとEにはこうした違いがあるのだ。

外交官たちは、自らを実務家であると捉えている。私たちは、机上の空論を唱えるのでなく、あらゆる場面でアメリカの国際戦略を履行しようと日々努めている。この姿勢は時折、戦略家的ではないと誤解されるのだが、これほど真実からかけ離れた受け止め方はない。

世界の外交官を守ってきた古き良き伝統

大使専用の豪華なダイニングルームで、そこに集まった他国の大使たちがワインやコニャックを満喫しているのを眺めていると、彼らが発する影響力やパワーは、軍事力のような物理的な強さではなく、大使という立場に付随する社会的通念や伝統、習慣が放つ力によって下支えされていると感じる。

彼らが赴任する外国では、仮にその国の政府が力ずくで彼らを拘束し、収監しようと思えば、それもすぐにできてしまう。外国での彼らの立場は常に脆弱《ぜいじゃく》と言っていい。にもかかわらず大使たちは、目には見えない社会的通念や権威によってどうにか守られている。これは、多くの人たちが彼らの放つ力の強さを信じているからだ。だが、それを信じない者たちが現れた瞬間、彼らのパワーが一気に効力を失う可能性は高い。

国際外交は、世界の人々が共有する社会的通念や伝統を抜きにしては成り立たないのだ。悲しく、そして不吉なことだが、外交官に与えられてきたこの独特のパワーは、国際的な取り組みに伴って築かれてきた多くの伝統と共に、今後失われていくかもしれない。

ある外交官はこうも言っている。

「私たちは、非常に獰猛《どうもう》なサメに囲まれたか弱い小魚のようだ。何事も起きなければ平穏な状況を保てるかもしれない。だが、偶発的にサメと接触し、簡単に傷を負ってしまうか弱い自分たちの姿を見た途端、自分たちがどれほど危険な環境に置かれているのかがわかるのだ」

私は、制度や組織が持つ力を信じている。フレッチャースクール時代、ある著名な教授が、民主的変化を予測するには、対象となる国における物事の制度化の成否を見極めるのが重要だと教えてくれたことがある。

1980年代の韓国では、全斗煥《チョンドファン》大統領による厳しい統治の下、社会制度の構築が進められており、専門家たちが制度に則《のっと》って各組織を動かすようになってきていた。その教授は、韓国のソウルを訪れれば、いたるところでそうした社会変革を見られるだろうと話し、しばらくすれば民主化もなされるに違いないと付け加えた。

この見識はのちに正しいことが証明され、それを境に、私は永続可能な制度や組織を構築した人々に深い敬意を払うようになった。

アメリカのナショナル・ウォー・カレッジも、そうした組織の1つに当てはまる。私はここで、学生として1年間勉強したことがある。

大学があるのは、ワシントンDCのワシントン記念塔から数分のところにある陸軍のマクネア駐屯地の中だ。駐屯地はアナコスティア川に面しており、敷地内に建つ荘厳な赤レンガ造りのルーズベルトホールが大学の所在地になっている。この印象的なボザール様式の建物の礎石は、1903年にセオドア・ルーズベルト大統領によって設置された。

学生とはいえ、そこに集っているのはアメリカ軍の大佐級の中堅将校たちと、彼らと同等の職位を有するアメリカ政府の文官たちである。さらに、外国軍の優秀な将校たちも一部含まれる。

ナショナル・ウォー・カレッジは、政府の各部門に所属する職員の中で、将来のリーダーとして期待される人材に国家安全保障についての統合的な教育を提供する必要があるとの認識が高まった結果、第二次世界大戦後に設立された。ここで勉強した人たちの中で、修了後に政治的、軍事的な危機への対向の仕方、もしくは所属先の同僚との関わり方に変化が見られなかった人物はほとんどいないと言われている。

ある教室の壁に掲げられているのは、ナショナル・ウォー・カレッジの卒業生たちの誇りであるコリン・パウエル陸軍大将の写真だ。パウエルがここで学んでいた当時、彼は大佐だったが、その後、統合参謀本部議長、国務長官を歴任している。写真には彼自身が直筆で書いた「where it all began（私にとってのすべてがここから始まった）」との文言が記されている。

大学の教授陣は——冗談なのか、本心なのかはわからないが——ここで学んだ私たちを「国家の宝」と評したりする。一度、軍の基地の公式訪問を終え、私たちが基地の空港から帰途に就こうとしていると、司令官が冷やかし半分で電光掲示板に「さようなら、国家の宝たち」というメッセージを流したことが実際にあった。

それはさておき、この大学が担う使命は厳粛なもので、将来的に軍のリーダーになるであろう将校に、幅広い視点から国家の安全保障の問題や懸念に触れさせると同時に、自国政府の文官や外国からやって来た人たちとの間に信頼の絆を築く機会を与えることにある。

在学中、受講期間が1年におよぶ「ウォーゲーミング」のクラスに私は参加している。

ここには国内で最高レベルと言われる戦争シミュレーションの施設があり、危機が実際にどのように展開していくのかが体験できた。このクラスはナショナル・ウォー・カレッジの特別講義の1つと言えた。

私はこの授業で、アメリカの敵国のリーダー役を演じるという経験をした。どの国だったかにはあえて言及しないが、敵国人役の私はアメリカと戦った。このシミュレーションはかなり複雑で、技術的な側面についてはは完全に理解できなかった。

これとは別に、私は生物テロに対する安全措置対策に関する講義を受講し、アメリカ・カナダ国境で生体制御物質を使い、暴力とパニックの扇動を目的とするテロ攻撃の影響に関する架空シナリオを書き綴《つづ》り、レポートとして提出した。

このテロによって巻き起こされる状態を、私は〝カナディアン・シンドローム〟と名付けたが、その内容は今になってより現実味を帯びてきた。国務省は、この話が純粋なフィクションであり、公式な内容が一切含まれていないことを明記するという条件で、このレポートを出版することを許してくれた。しかし、ようやく許可が下りたときには、私はすでに赴任地であるウクライナにおり、そこでの新たな挑戦に忙殺されていたため、出版には至らなかった。

そのレポートで主に焦点を当てたのは、必要性についてである。それらは、準備と組織の必要性、事実を評価する際の非常に厳格な姿勢と、諸外国との太いコミュニケーションのパイプの必要性、さらに、科学と技術がどう進化しているかに対する理解の必要性だった。

ナショナル・ウォー・カレッジでは、全米に点在する軍施設への訪問のほかに、一度だけ小さなグループでの国外への旅行があった。希望としては、中国か、再訪となるロシアか、もしくは国際的な〝ホットスポット〟として私が当時注目していた国に行きたいと考えていた。ところが振り分けられた訪問先は、ギリシャ、マケドニア、ブルガリアの3カ国だった。

運というものが常にそうであるように、このときの旅先の振り分けは自分にとってベストだったことが時間を置いて明らかになる。

まず1つ目は、のちに国務省のバルカン半島担当のディレクターに就任することになったからだ。さらに重要なのは2つ目の理由で、のちに私の妻となるアンドリヤナ・ツヴェトコヴィチの出身地が、マケドニア共和国（現・北マケドニア共和国）であるからである。ちなみに彼女は2014年から2018年まで駐日マケドニア大使を務めた人物だ。

ギリシャに滞在中、私たちはイギリスの大使館付き武官スティーブン・サウンダース准将の公邸で催された午後のレセプションへ招待された。

2000年当時、ギリシャでは「ノベンバー17」と呼ばれるテロリストグループが活動していた。彼らの特徴は、バイクに乗りながら暗殺を行うというものだった。そのため、レセプションからの帰り道には、バイクが自分たちの車に近づくたびに神経を尖らせなくてはならなかった。

今考えると、もしかしたらあれは予兆だったのかもしれない。レセプションから1カ月後の2000年6月、サウンダースはバイクに乗ったテロリストからG3自動小銃による発砲を受け、亡くなってしまったのだ。私の記憶の中には、まばゆい陽ざしに照らされた公邸と、丁重かつ親切に私たちをもてなしてくれた彼の姿が今でもはっきりと残っている。

外交の驚くべき側面の1つは、それがどれほど長く持続されてきたかだ。テロリストたちは、外交官を殺そうと試み、場合によっては外国公館を急襲しようとするかもしれない。だが、ホスト国は、たとえ相手国が敵性国家だとしても、各国の外交官の特権と免責権を引き続き守ろうとする。私は、外交における数々の古き良き伝統が消え失せてしまったにもかかわらず、世界各国のこうした姿勢が今もなくなっていないことにいつも感銘を受けている。

外交に必要不可欠な「言語」

外交とは、正確さに尽きる。その意味では、外交交渉は日本語に似ている部分がある。

日本語を深く知らない人は、日本語はあいまいであり、話し手がいったい何を言おうとしているのかを捉えるのが難しいという。だが、これほど甚だしい誤解はない。私が思うに、日本語はとても直接的な言葉であり、とても明瞭《めいりょう》だ。そこで語気を弱めるために、歯に衣着せなくてはならないのだ。また、仮に歯に衣着せたとしても、話し手が言わんとしていることはしっかりと伝わってくる。

外交では、入手した情報に関して第一に正確さ、精密さが求められる。一次情報なのか、三次情報なのか、確かなのか、断片的なのか……様々な角度から精査しなくてはならない。訓練を受けた外交官は、主要な出来事についての報告を最も具体的かつ正確な用語で伝えるのに力を注ぐ。外務機関は、その報告に基づいて即座に行動を開始するかもしれないのだから当然である。それだけに、報告内容に曖昧《あいまい》さがあってはならない。「A政府のある高官が、『○○が起こった』と話してくれた」と「○○が起こった」は決して同じではないのだ。

日々の生活の中でも、人々が憶測や自分の思い込みに駆られて話しているのを聞いていると、職業柄、それがちょっとしたフラストレーションになる場合もある。

この手の会話を聞いていると、元々の話の真意から焦点が少しずれていたり、元々の話し手が身振り手振りを交えて的確に伝えようとしていた大事な部分が排除されていたりする。もしくは、周囲の〝雑音〟に惑わされ、話の核心部分が無視されたりすることもあるのだ。

同僚の外交官の間でも、似たような状況は起こりうる。世界中の様々な場所で、私たちの誰もが似たような経験をしているはずだ。

外交官同士によるコミュニケーションの第一ステージは、会議の場でお互いの意志を明確にすることでなければいけない。次の第二ステージでは、お互いの目線を交わしながらコミュニケーションを行っていく。そして第三ステージでは、お互いを見なくてもいい状態になる必要がある。このステージまで来れば、口に出さなくても、何が次のステップなのかわかってくる。

国務省では、経歴や受けてきた訓練にかかわらず、すべてのキャリア外交官に副領事の地位を与え、領事業務の仕事に従事させる。副領事という響きを聞いて、とても重々しく、権威に満ちた印象を受けるかもしれない。だが実際はそうではなく、駆け出しの外交官たちに割り当てられるポジションだ。

国務省内部では時折、各自の将来的な専門性を考慮することなく、一律的にすべての外交官に領事館での業務に従事させていいものなのか、それとも、領事館業務のすべてを行う専門職員に最初から託すべきではないのかという議論が巻き起こる。

これに対する私の意見は、現在のシステムには大きな知恵が詰まっており、このまま残しておいたほうがいいというものだ。

新入りの外交官にとって、領事館業務ほど現地の社会と自分を近づけてくれるものはない。現地の言葉を絶えず使い、現地社会の動態を理解しながら、警察や病院、霊安室、拘置所、裁判所などの中核的な組織と直接やり取りする必要があるからだ。私自身の奉職期間を振り返っても、今でも鮮明に覚えている出来事は最初の赴任地であるグアテマラで直面したものだったりする。私はこの国で、物事がどのように動いていくのかを実際に体験し、それを通して貴重な知識を得られたのである。

国務省でキャリアを積んでいく中で、いくつかの外国語を学ぶという素晴らしい喜びに私は浸った。スペイン語、ウクライナ語、そして最も真剣に学んだのがアゼルバイジャン語だった。その他にも、アラビア語に短期間触れたり、フランス語を再学習したりする機会にも恵まれている。美しいウクライナ語とアゼルバイジャン語との出合いについては、それぞれエッセイが書けてしまうほど特別な思い入れがある。

外交を行う上で、言語は絶対に不可欠なものだ。それを強調するために、日本語以外の言語にまつわる私の経験をいくつかここで紹介したい。

まず、外国語学習について言うと、そのすべては教科書にかかっている。私は今でもウクライナ語を学んだときの教科書を持っているほどだ。ソビエト連邦の解体からすでに10年近くが経過した2000年の時点でさえも、基本を学ぶための最良の教科書は、ソ連当局によって作られたものだった。

この教科書が利用対象としていたのは、祖先の祖国を初訪問しようと考え、理想に燃えたウクライナ系カナダ人たちのようだった。教科書には、トラクターにまつわる例文がとにかくたくさん出てくる。

それまで私はスラブ語派の言語の勉強をしたこともなく、旧ソ連諸国に駐在した経験もなかった。文字通り、単語の1つも知らない状態からの学習だった。

それもあり、教科書を初めて開き、第1章までページをめくっていったときのことは今でもよく覚えている。そこには大きな文字で、イエスが「ｔａｋ」、ノーが「ｎｉ」と書かれていた。新たな言語を学ぶ旅が始まったのを実感し、私は喜びに満たされた。ｔａｋとｎｉ！　なんと素晴らしいことか！

言語を現地で直接学んで得たものは非常に多い。特にウクライナ語の文学的伝統は、信じられないほど豊かで歴史があり、教師の1人は、ウクライナには20万ほどの民俗詩が記録されていると教えてくれた。さらにそれ以上の数が口伝のみで残っているという。

ロシア語とウクライナ語はどちらもスラブ語派の言語で重なり合う部分がある一方で、月の名称、発音の仕方といったごく基本的な事柄で純然たる違いがあったりする。ロシアという枠組みの中でウクライナの歴史を理解したいのなら、ウクライナ語ほど好ましいものはないだろう。

チュルク諸語のアゼルバイジャン語については、2つの注目点に触れたい。

最初の授業で教師が私に言ったのは、ヨーロッパの言語とは語順が異なるので、西洋人はそれに慣れるのにとても苦労するということだった。つまり、主語、動詞、目的語という順番ではなく、主語、目的語、動詞という順序で言葉を並べていかねばならないのだ。また、アゼルバイジャン語には、「ｄｉｒ」と呼ばれる独特の文法形式があるという。これを聞いたとき、私はすぐさま「～です」という日本語の形式と同じなのに気付いた。

「完璧ではないか！」

思わず、声を出してしまうくらいだった。すでに日本語を学習していた私にとって、こうした違いに慣れるのはたやすいことに映った。アゼルバイジャン語と日本語には違いがある一方で、似通っている点がとてもたくさんある。これが意味するのは、これらの言語のルーツが中央ユーラシアにあるということだろう。

この他、アゼルバイジャン語がベースとしているチュルク諸語以外に、ペルシア語、ロシア語、アラビア語から実に多くの単語を受け入れている点にも興味をそそられた。言語と同様、アゼルバイジャンの文化と人々も周辺地域から大きな影響を受けている。文化の十字路に位置するという心地よさがこの国にはあるのだ。

私は常に歴代外交官の中で伝説的存在であるジョージ・ケナンを、外交官としてあるべき姿としてお手本にしてきた。ケナンはモスクワ（ソ連）とベオグラード（ユーゴスラビア）で大使を務め、国力の絶頂期にあるソ連とどう対峙《たいじ》すべきかについて彼自身が考える戦略をまとめ、「X論文」として発表したことで知られる。

困難な職務を遂行する実務家であると同時に、ロシアの歴史と言語、世界史に深く通じる知識人であるケナンは、私のキャリアがどうあるべきかを指南する真の道筋を示してくれた。私は、ロシア語とロシア人に対する彼の愛情の中に、日本語やそれ以外に学んだ言語に対する私の愛情と共通するものを見た。そして彼もまた、育った環境によってではなく、自らの情熱と選択によって国際問題に関わりを持つようになった人物だった。

私が東京でAP通信の記者をしていた1981年、ケナンの講演を取材したことがある。そのとき彼は、すでに70代後半だった（その後、101歳まで存命）。身長が高く、背筋が伸びていて姿勢がよく、とても真摯《しんし》な印象を受けた。

講演の内容は、第二次世界大戦に端を発して生じ、いまだ解決を見ていない大きな外交問題の1つである北方領土問題についてだった。この問題は今に至っても解決していない。

ケナンは学者肌の外交官の典型に漏れず、文才に恵まれていた。彼によるソ連に関する深みのある分析と政策提言は、ロシア語とロシア史の専門知識、ソ連での勤務経験、ヨーロッパにおけるロシアの地政学的な位置に対する理解に基づいたものだった。

第4章　「菊クラブ」

最初の赴任地であるグアテマラでの2年間の任期は、何事もなく無事に終わった。次に私に用意された赴任地は、札幌だった。

中米から極東へ。これほど劇的な転任を事もなげにこなしてしまうのは、アメリカの外交官だけではないだろうか。転任前に日本担当の局長が私の日本語の能力に目を留めてくれたおかげで実現した人事だった。このとき、もしも彼が私を日本に結び付けてくれなかったら、どこに赴任していたのかはわからない。こうした予測不可能な状況に、私はいつも刺激を覚えていた。

駐札幌総領事館では、日本のことを知っていると自負する若手外交官として働いた。ポール・セルーの著書に、『鉄道大バザール』（講談社学術文庫）がある。第二次世界大戦後に書かれた旅行記の中でベスト作品の1冊とされ、すでに私も読んでいた。

この本の中に、セルーが札幌動物園の園長と偶然出くわす場面が描写された気の利いた章がある。そこで、さっそくこの園長との面会の約束を取り付けたのだが、それを知った

札幌を訪れたマンスフィールド大使（左）に同行する著者（中央）

私の上司は難色を示し、政府関係の職務と関係ないのであれば、会うのは控えたほうがいいとアドバイスしてくれた。

彼と私は今も友人であり、当時の彼の助言はあくまでも良心から出たものだったのはよく承知している。

だが、外交官として長年働いてきて私が得た教訓は、外交官たるもの、すべての分野と階層に属する人々と交流を行ってこそ、真の務めを果たせるというものだ。当然、動物園の園長も例外ではない。一見、意味がないように思えても、一度築いた関係が、いつかどこかでお互いに恩恵をもたらすかもしれないのだ。状況はいつだって劇的に変わりうる。いつの日か、動物園の園長が自分たちの必要とする橋渡し役になってくれるケースだって十分にありえるのだ。

当時、まだ若き外交官だった私にとって最も重要なイベントの1つは、旭川市で毎年3月に行われるクロスカントリー大会のバーサーロペット・ジャパンだった。市は毎年、スカンジナビア諸国とアメリカの大使をこの大会に招待する。だが、アメリカ大使は通常、このイベントには出席せず、総領事が代理参加するのが慣例となっていた。

このとき私が密かに願っていたのは、総領事に他の公務が入り、控えめな副領事として私がアメリカを代表して参加するという筋書きだった。そしてその願いは見事にかなう。

正直なところ、あのイベントへの参加を通じて、アメリカの戦略的で主要な利益が促進されたとは言い難い。しかし、歓迎レセプション、友好的な雰囲気の中で行われるクロスカントリー、レースの後のサウナ……と、楽しかったのだけは確かだ。さらにこの日、私はスウェーデン、ノルウェー、デンマークの大使に話を聞いてもらう機会を得ている。若かった私にとって、彼らとの対話は実に素晴らしい経験であった。

土井たか子との思い出

駐札幌総領事館での任期を終え、次にアメリカ大使館の政治部門への配属命令を受けた私は、札幌を後にして東京へと向かった。ここでの私の役割は、日本の野党と労働組合の動きをカバーすることだった。

実はこのポジションへの任命は、国務省の外交官にとって、いわゆる〝菊クラブ〟のトップへと登り詰めるための試金石と考えられ、実りが多いとされる。若い外交官たちは、この機会を活かして政治の息遣いを体得し、政治的なネットワークを直接自らの手で構築していこうとする。

東京へ異動となった1988年、マイク・マンスフィールドが大使を務めており、その年の12月には歴史的と評される任期を終える予定になっていた。彼の存在感は非常に大きいと同時に、その謙虚さにも際立つものがあった。

週末などは、アメリカの高校生が好むような着古したバスケットボール・ジャケットを着ていたりすることもあり、私は時折、そんな姿を目にしていた。

マンスフィールド大使とすでに首相を退任していた福田赳夫の会談に同席し、要約筆記をするように頼まれたこともあった。大使はいつもの習慣で、自分でインスタントコーヒーを準備すると、それを福田元首相に出していた。元首相は「1903年生まれのマンスフィールド大使は、1905年生まれの自分のことを〝ベイビー〟と呼ぶ」と、誇らしく私に語ってくれたこともあった。2人は共に偉大な政治家であり、魅力と誠実さにあふれていた。

世界中に点在するアメリカ大使館は、どこも似た組織を抱えている。まずは大使と首席公使がいて、その下に大使館の各部門を率いる責任者で構成される「カントリーチーム」がある。各部門には、国務省が管轄する経済部門、政治部門、領事部門が含まれている。この他、商務省や国土安全保障省、司法省などの政府機関の代表者も大使館内に駐在する。

カントリーチームは、通常1週間に一度、定期ミーティングを行う。危機や緊急のときに大使館全体に情報を伝える必要があれば、大使が急遽、ミーティングを招集する場合もある。

この陣容を見てわかるように、大使館というのは連邦政府のミニチュア版のようだ。しかも、皆同じ場所で働いているので、危機のときなどには、各部門間の調整がワシントンよりもスムーズに進むこともしばしばある。カントリーチーム体制は実に機能的だと言っていいだろう。

大使は大使館のトップであり、さらには上院から同意を受けた大統領の直接代理人という立場にある。仮に大使が、そこに赴任している外交官を共に働けない人材と判断した場合、大使は国務省に〝信用喪失〟を伝える権利を行使し、その人物の本国送還を促すこともできる。実際、そうなったケースを私は見た経験があり、この権利がお飾りではないのを知った。

そのころの日本の政治を見ると、1948年の芦田均内閣を最後に、社会党やその他の野党は、数十年にわたり政権の座に就いていない状況が続いていた。

そうした中、大使館は日本語が話せる政治担当のまだ若い外交官の私に信頼を寄せてくれ、野党の政治家との建設的な結びつきを維持する作業を任せてくれた。おかげで私は、自由かつ積極的に動くことができた。そのためもあって、何年も前に私のようなポジションで働けたかもしれない東京やワシントンの先輩外交官たちからは大きな関心を持たれた。

私が政治部門に所属していたのは、多くの人を引き付ける魅力を兼ね備えた土井たか子が率いる社会党や、その他の野党が支持率を一気に高めていった時期に重なった。まったく思いがけないタイミングだった。

日本のメディアは、アメリカ政府が土井をワシントンDCに招き、緊密な関係を築くシグナルを送るかどうかに非常に注目していた。

ある新聞社のベテラン記者は、定期的に私を飲食に誘うことで、こぼれ話を引き出してスクープをものにしようと画策していた。

彼は一度、土井との個人的な夕食会の席を設けたことがある。その場に私も同席させてもらったのだが、非公式な場で彼女と時間を過ごせたのは、とても名誉なことだった。

結果的に、彼女のワシントン訪問はかなわなかった。

それから何年も経ち、私は連立政権や野党のリーダーたちが姿を見せた彼女の追悼式に列席している。突如集まり始めた国際的な注目、そして成長する力へのプレッシャー。社会党がこれらに対応していく姿をじっと見ていく作業は、非常に興味深かった。また、土井が好感を持って私を受け入れてくれたことに感謝している。

1989年にスタートした日米構造協議

国務省は常に、与党だけでなく、野党との良好な関係も維持しようと努めている。これは日本だけに限らず、世界中の国々でも同じだ。

このころの私の職務は、野党と労組との対応に重点が置かれていたが、その一方で、マイケル・アマコスト駐日大使の通訳の1人という別の職務も担っていた。

現在の大使館は、優秀なプロの通訳をフルタイムで常駐させている。しかし当時は、最重要かつ厳格な公式会議を除き、大使館内で日本語が最も上手な職員が通訳を務めるのが伝統だった。この役目を任せてもらえるのは光栄であると同時に、謙虚な気持ちを改めて自分に抱かせてくれた。通訳を任されるのは、日本をよく知る「ジャパンハンド」としての役割が期待される若い幹部候補にとって格好の試練と言えた。だが、その伝統はすでになくなってしまった。昔を知る人間としては、やはり残念と言わざるを得ない。

私は一度、通訳としてアマコスト大使に随行し、政治家の渡辺美智雄に会いに行ったことがある。渡辺は、副総理、大蔵大臣など、多くの要職を歴任した自民党の重鎮だった。私は彼を、有権者のためにひっきりなしに働く極めて献身的な政治家と見ていた。彼は生前、メディアのインタビューに応え、どれだけ多くの結婚式や葬儀に出席するのかを語っている。それによると、彼は常に、黒と白のネクタイを背広の左右のポケットに忍ばせていたという。彼はまた、自らの信念に逆らい、中華人民共和国との強固な関係構築に力を入れていた。

非常にあけっぴろげな性格だった彼は、しばしばメディアを騒がせる人物でもあった。特に知られているのは、1988年にアメリカの黒人に対する人種差別発言を行い、アメリカ人、ひいてはアフリカ系の人々の感情を傷つけた出来事だ。それだけに、私が彼を好意的に見ていることに違和感を抱く人もいるかもしれない。

だが、彼についてはあまり知られていない事実がある。差別発言のあと、自分の行いを悔いた渡辺は、アメリカの歴史的な黒人大学への寄付を始めていたのだ。彼はこれを死ぬまで一切公にせずに、ひっそりと行った。渡辺とは、そうした人物であった。

歴史というのは、過去に起きた出来事について、私たちが何をどのように記憶しているかを表すものだ。その記憶は、人々の意識の中に何世代にもわたって蓄積される。何世紀という時を経て忘れ去られるものもあるが、私たちの心情や政治的なDNAの中には残り続けていく。

歴史はまた、賢明な指導者たちがもたらす静かな、そして華々しい構造変化の表れでもある。だが多くの場合、私たちは彼らがもたらしてくれた恩恵に気づかないでいる。

このことは、アイルランドで起きた経済的な奇跡を見ると実感できるだろう。1970年代に制度化された政策が徐々に変化を醸成し、アイルランドをハイテクのハブ、イノベーションの島に様変わりさせたのだ。1970年代にこの政策を制度化し、変化を促すきっかけを作った政治家の多くは、おそらくこの成果を見ないうちに亡くなってしまったのではないだろうか。

1989年7月、ジョージ・H・W・ブッシュ大統領（父）と宇野宗佑首相の下で日米構造協議が始まった。

私がちょうど、政治担当の大使館員として野党との関係構築を任されていたときのことだ。1990年2月に行われた衆議院議員総選挙で社会党が大躍進して大きな注目を集めていた時期とも重なる。

経済は私の担当ではなかったが、当然、その話題は避けられなかった。あのころ、日本の〝脅威〟は頂点に達しており、私たちの誰もが「何らかの対処をしろ」というプレッシャーをどこかで感じていた。

日米構造協議という枠組みは、アメリカ側にとって宝探しのようなもので、よく考えられたものだった。〝日本は特殊だ〟という神話がかったベールを取り去り、実際に日本経済がどのように機能しているのかを徹底的に理解するための試みであり、外部の者を遠ざけがちな〝独特の文化〟について政治的に徹底調査するものと言えた。

日本流の考え方を私たちがちゃんと理解できるように、たった1本のシャンプーのボトルが街中の商店に届くまでのプロセスを私に個人的に説明してくれた人がいた。

だがそれは、アメリカの基準からするとあまりにも非効率に聞こえた。こうしたプロセスが、外資の日本市場への参入を難しくしていた。

アメリカ側は、次のような主張にも直面した。いわく、日本の雪質は欧米の雪質とは異なるので、アメリカ製のスキー用具は日本アルプスや北海道のスロープでの使用に適していない……。

当然ながら、当事者の一方として日本側もアメリカ経済の仕組みをじっくりと調べていった。その結果、両者はお互いに対する理解を大いに深めていく。皮肉なのは、日米構造協議が終結するころから日本経済の長期停滞が始まっていることだ。

当時の政治担当の大使館職員として言えるのは、日米構造協議は、その後アメリカがどうやって日本と関わっていくのかを決定づけたターニングポイントになったということである。

日米関係のカギを握る国務省の〝菊クラブ〟

政治担当と経済担当の外交官は、赴任地で幅広い分野の人たちと接触し、その際に念入りに記したノートを基に対話の覚書を作成し、その覚書は国務省と大使館で回覧されたあと、慎重に保管される。これとは別に、外交官が分析レポート——メッセージがまだ電報によって送信されていた当時は、「ケーブル（外電）」と呼ばれていた——を記したい場合は、外交官は保管されたすべての覚書を見ることができ、これらを参考資料として内容を作成していった。

あいにく現在は、重要会談の場合を除き、外交官に公式覚書を残すような時間は与えられておらず、記録文書が保存される機会もだいぶ減った。動きが速すぎて、何かを振り返る時間などは今や異例の範疇《はんちゅう》に該当する。とはいえ、私が経験した記録を残すための訓練は、その後にわたって大いに役に立った。出会いの場での主要な要素を覚えておき、あとで思い出して書き出す能力を得られたのは、特に大きかった。

外交官であるならば、様々な人々と常に会話を交わすべきである。時代が変わっても、この基本理念は不変であり、私はそれを強く信じている。

この理念はまた、いい意味で各国の政府に緊張感を持たせることができる。この理念が実践されれば、権力のない人々や異なる意見を持つ人々にも声が与えられるからだ。事実、これらの人々の声が、驚くべき速さで環境を変えていくことも起こりうるのだ。

ある国に赴任した同僚が、何らかの理由で投獄された政治家の面会を続けていた経験を話してくれたことがある。その政治家は、同僚の親切な行いをずっと忘れずにいた。そして何年かあとに、その人物は国の大統領に選ばれたという。


1990年代初め、外交官の私には、大きく異なる2つの任務が与えられた。1つは日本担当であり、もう1つはNIS諸国（newly independent states）と呼ばれる旧ソ連地域担当だった。

まず1990年から1992年までの期間、私は国務省の日本部に所属していた。この部門は、アメリカ政治を専門とする日本人には有名で、1950年代以降、日米の同盟関係を司《つかさど》る中心的な役割を担ってきた。そしてその本丸は、いわゆる〝菊クラブ〟と呼ばれるものだ。

がっかりさせてしまうかもしれないが、実際のところ国務省内にそのようなクラブは存在せず、それにまつわる秘密のようなものもない。とはいえ、日本と深い関係を持つ外交官たちは、冗談交じりに〝菊クラブ〟のメンバーとして認識されていたりする。

これといった日本関係の前歴がなく、それでも希望者の絶えない日本赴任を実現させたいと考えている同僚から、「菊クラブの仲間入りをするのは難しい」と不満を言われることがある。振り返ると、私はこのクラブの〝主要メンバー〟の1人だったのだと思う。現実には、そんなクラブは存在しないのではあるが……。

私たちが菊クラブと呼ばれたのは、おそらくポジティブな理由からだろう。我々は、それぞれがおおむね、長い日本経験を持つ者たちだった。

私が所属する日本担当部署のディレクターの1人は、昭和天皇のご訪米に随行していた。これは日本政府と仕事をする上で、最高レベルの名誉および貴重な経験と言っていい。彼は、同盟を結ぶ両国が何十年もの間に直面したすべての危機を目の当たりにしてきた人物だった。

その他、沖縄の基地問題の担当となり、那覇への赴任となった同僚の1人は日本に関して深く精通しており、評価するのが難しいほどの高価値な知識を持ち合わせていた。

別のディレクターは、外交官は自らの役割について堂々と主張すべきだとの考えを持ち、定期的に日本のメディアとの非公式な会合を繰り返していた。ところが彼が流した情報が、折に触れてメディアのヘッドラインを飾ることになり、彼の上司の頭を悩ませた。

私は、献身的な彼らの姿を慕い、彼らによって鍛えられたのだ。

ワシントンの駐米日本国大使館で働く日本の外交官にも私は敬意を払ってきた。彼らは会議のために定期的に国務省を訪れると、精力的に職務をこなしていく。人を引き付ける魅力を備えた彼らは、世界に好印象を与える日本の代表のような存在でもある。

国務省の各部署のオフィスは広々としており、私たちのほとんどが自分のデスクからワシントンの23丁目もしくはE通りを眺められた。同僚たちの誰もが、半ばそこに暮らしているようなものなので、オフィスからの眺めがいいのはありがたかった。

夜遅くなってオフィスを出ようとすると、上司は皮肉な様子を漂わせずに朗らかに、「残りの夜を楽しんでくれ！」とよく声を掛けてくれた。

ジャパンハンドの目から見ても、日米外交に携わる日本人の目から見ても、日本担当部署には伝統的に不思議な雰囲気が漂っていた。そうした雰囲気は、ワシントンDCとバージニアを結ぶセオドア・ルーズベルト・ブリッジが見下ろせるメインステートビルの4階の広い一角で、歴代の外交官たちが延々と引き継いできたものだろう。

各部署のディレクターのオフィスからは、リンカーン記念堂が見える。ここ何年かの間で、本省ビル内のほとんどのオフィスと同様、日本担当部署のオフィスもモダンなモジュール式設計による改装が行われている。

だが、私が最初にそこで働いていた1990年代は、濃い色の木の枠で囲まれた大きな窓がオフィスの外側と内側の見通しを良くし、とても優雅な雰囲気を感じさせるオフィスだった。壁には、ごく限られた少数の賞の額のみが飾られていた。

私の部署のディレクターは、実に仕事熱心な人物だった。これまで昇進する過程で、賞を授与されるような機会に触れることはめったになかった。そもそも、自分たちの使命は与えられた職務を果たすことであり、決して賞をもらうことではない——これが彼の考えであり、何かと賞を与えがちな傾向には懐疑的だった。

私たちは、自分たちを良好な日米関係を保つためのスチュワードであり、そのことに誇りを感じていた。ここでいうスチュワード（steward）の訳は、日本語で表すのは難しいが、あえて言えば、擁護者のような意味だろうか。

1990年代は、俗にいう日米貿易摩擦が激化していた時期だった。あれだけ緊張が高まっていたのに、今となっては当時の緊張感はすっかり忘れ去られてしまっている。

私が国務省の日本部に配属される前のことだが、国務省を辞め、日本の大手メーカーのワシントン支社で働き始めた若手の元外交官がいたという。ヨーロッパ事情に詳しい彼は、欧州市場での取引を担当する部署に配属されたそうだ。ところが、かわいそうなことに、この人物はメディアと議会からの攻撃の的になってしまう。

当時、私は北バージニアの自宅から国務省に通勤していた。

ある晩のこと、見るからに不機嫌な様子の男が、日本人女性の前で自分が来ているジャケットの前を開き、反日Tシャツを見せつけているのを目撃した。私がその場に近づいていくと、彼はすぐに立ち去った。醜い光景だった。

過去を簡単に忘れるべきではない。どんな状況が起きていたのかを覚えておくのは重要なことだ。

私は、あのオフィスを率い、職務に励んでいた外交官たちを心から尊敬していた。困難な局面に立ち向かっていた職員には、とりわけその思いを感じる。日米が重要で複雑な同盟関係であるからこそ、両国間には常に大きく、難しい問題が生じてくるのだろう。

日本チームからもぎ取った大勝利

こうした問題に対応するには、当然ながら長時間労働をしなければならない。しかし、私たちがどれだけ長い時間働いても、日本の外務省の外交官たちの労働時間には及ばなかった。

人はこれほどまでに長期にわたり、働き続けられるものなのか……。

私はいつも驚かされていた。それほど猛烈な働きぶりだったのだ。

こうした働き方を英語で「grind」という。日々の変化がないまま、長くてつらく、終わりのない時間が続く状態を意味する。私たち外交官の仕事は、とかくそのような状況になりがちなのだ。トップ会談、公聴会、同盟国間で起きた危機、もしくは、単に詳細な政策分析の要求だったりと、ほぼ毎週のように緊急対応しなければならない何らかの緊急要件が出てくるのだ。

当時の私は、午前7時前に自宅を出て、帰宅するのは午後9時過ぎという生活を送っていた。土曜日は少し遅くまで寝ているが、起きてからオフィスに向かい、夕方の時間まで数時間仕事をして、夕方から自由な時間を過ごした。翌日日曜日になると、今度は夕方の早い時間にオフィスに行き、日曜夜の定番のテレビ番組を見る代わりに、再び数時間仕事をするような日々を送っていた。

友人でもあった私の同僚の1人は、細かいところまで実にこだわる人物で、密かにオフィスにある茶色の革製のカウチでよく寝ていた。それを知られるのが恥ずかしいからか、彼は自分の行動を私たちに隠していた。

1990年に私が初めて日本部に配属になったとき、大統領を務めていたのはジョージ・H・W・ブッシュ、国務長官はジェームズ・ベーカーだった。このとき私は、国務長官が何らかの深刻な疑いを〝菊クラブ〟に対して抱いているという印象を受けた。トヨタ車に火をつけるような抗議デモが行われる時代であり、日本との貿易問題に関する政策は、無暗《むやみ》に手を付けると自らの政治的な地位を失いかねない〝サードレール・イシュー（third rail issue）〟であると見られていた。ちなみに、サードレールとは、鉄道の線路に沿って設けられた電力供給のための3本目のレールのことで、これに触れると感電することから、物議を醸しだす厄介な問題をサードレール・イシューと呼ぶ。

ある時期などは、私たちはベーカー国務長官の顧問であるロバート・ゼーリック――のちに世界銀行の総裁に就任する――によって、これまでとは異なる視点で分析した日米関係についての大規模な報告書の提出を次々と求められるなど、連続的な集中砲火を浴びているかのような状況に追い込まれた。

しかし不思議なことに、これらの報告書の中で注目を集めたものは1つもなかった。確固たる証拠はなかったが、7階（国務長官のオフィスの呼び名）では、〝危険な菊クラブの連中〟を多忙にさせ、何か悪さをしないように抑え込もうと考えているのだと、私たちは疑って止まなかった。もちろん、真相はわからない。しかし、そうした邪推がすぐに頭に浮かんでくるような時代だった。


1960年代に国務省のビルが新たに増築されたとき、エグゼクティブ・フロア――7階のことだが――は、外部の人に見せるのが恥ずかしいくらい無味乾燥なスペースだった。それはあたかも、センスのない中小企業の本社といった風情だった。

幸運なことに、親切で裕福な何人かの篤志家が名乗り出てくれて、世界で最もパワフルな外交の立役者の住処をその立場に相応しい場所に変えるべく、内装デザインおよび改装のための資金を提供してくれた。彼らのおかげで、7階――この呼び名は、外交問題に携わるすべての関係者にとって、国務省のトップ、すなわち国務長官を意味する——は、ようやくエレガントな空間に生まれ変わったのだった。

私が初めて、警護付きの7階に足を踏み入れたとき、その場所の持つ重力と歴史を感じて圧倒されたのを覚えている。部屋の外側の壁には、歴代の国務長官の全身肖像画が掲げられていた。

7階に関して私が特に好きなのは、儀礼のための場所ではなく、まさに働くための場所という雰囲気に満ちている点だ。ブリーフィングのための職員たちの出入りは絶えず、その合間に、長官は報告書のレビューや意思決定をし、その日のうちに連絡しなくてはならない大量の架電リストを消化していかなければならない。これが7階の日常風景だ。

本省の日本部に配属されたのは、外交官として日本での勤務を経験してから4年後だった。それはちょうど、イラクのサダム・フセインによるクウェート侵攻と占領という大きな出来事が起きていた時期と重なっていた。その後、湾岸戦争へと突入するアメリカは、政治的かつ軍事的な増強を行っていくことになる。

湾岸戦争勃発《ぼっぱつ》後、日本政府は自衛隊の派遣を見送るという決断を行った。そのため、ブッシュ政権の関心の的は日本による軍事作戦への資金協力に向けられた。

国務省日本部はブッシュ政権と共に、軍事的な協力以外でどのような国際貢献が日本にできるのかを模索していった。資金協力なら、果たしてどれほどの規模が可能なのか、さらに、多国籍軍を構成する国々からは日本からの人的貢献を求める声もあり、これらについてのやり取りに1年という時間を要した。

すでに内容の詳細については覚えていないが、あるとき私たちは、ケーブルだったか、公式メッセージだったかの中身に変更を加えたことがあった。

それから1カ月の間は、毎晩遅くまでオフィスに残り、内容変更の承認が7階から下りてくるのを待ち続けなくてはならなかった。その後、ようやく承認されると、アメリカ側の要求を駐日アメリカ大使館が日本政府に伝達する上での指示を添えて送信した。

承認が下りるまでの間、毎朝オフィスに着くと、「今日には下りてくる」と言われる。だが、結局は何の音沙汰もない。そんな日々が続いた。まさしく本省勤務の外交官の生活を象徴するような毎日だった。英語の表現に「Hurry up and wait（一目散に準備をし、あとは待て）」という表現がある。それが完全に当てはまる状況だった。このときはまだ、まさか数年後に自分がイラクへ赴任することになるとは思ってもいなかった。

日本部での勤務を通して私が達成した最大の業績は、年に一度のソフトボールの親睦《しんぼく》試合で、日本大使館チームからもぎ取った勝利ではないだろうか。

最初の年、私たちはさほど事前練習もせずに試合に臨んだ。信頼関係を傷つけないために最低でも姿だけは見せようという心づもりだったのだ。それでも、もしかしたら勝てるかもしれないと思っていた。

だが、そんな甘い期待は裏切られ、私たちは完敗を喫した。そして翌年、私たちは〝忠臣蔵〟作戦を取ることにしたのだ。

前年のリベンジを狙っているのを感じ取らせないだけでなく、練習している素振りも一切見せなかった。私は日本大使館側に、「練習はしてないけど、一応参加します。試合後の打ち上げが楽しみなので」という見せかけの姿勢をちらつかせた。哀れもいいところである。

さらに私たちは、日本大使館チームにメンバー集めに苦しんでいると伝え、「日本部の所属ではないが、日本関連の職務に従事している職員を誘ってもいいか?」と尋ねた。すると日本側からは「かまわない」という返事が戻ってきた。

ここで真実を暴露すると、私たちは目立たないように野球もしくはソフトボールの経験がある優秀な〝替え玉選手〟を募り、しっかりと練習をしていたのだ。

そして試合当日。私たちは日本国大使館チームを唖然とさせ、大勝利をつかみ取った。

過去の丁寧な分析を怠れば、人は間違った教訓を得る

日本部で働いた2年間、日本では4人の総理大臣――海部《かいふ》俊樹、宮澤喜一、細川護熙《もりひろ》、

羽田孜《つとむ》――が誕生した。実は、細川に関する政治的な話題が盛り上がりを見せていたころ、深層までしっかりと調べ切れていなかった私は、彼が政界トップの座に就く可能性は限りなく小さいと考えていた。だがそれは、すぐに間違いだったと証明される。

政治の動きを追いかけるのは、株式市場や天気を予測するのに似ている。自らの責任においで本筋から焦点をずらすことも大事であり、それによって得られた仮説を常に検証しておく必要がある。

駐日アメリカ大使館の政治部で、野党および労組の担当をしていたとき、私は許すかぎり多くの社会党所属の国会議員を表敬訪問するようにしていた。当時、社会党が政権を取る可能性はほぼないと見られていた。

ところが、本省での旧ソ連諸国――当時はＣＩＳ、独立国家共同体と呼ばれていた――担当の任期を終えようとしていた１９９４年の６月末、私は東京のアメリカ大使館の政治担当職員から突如かかってきた真夜中の電話に起こされることとなる。

「ジェイソン、トミイチ・ムラヤマという名前の社会党議員に会ったことがあるか？」

彼は電話口でこう尋ねてきた。

一瞬考えて、私は頭の中のアドレス帳を手繰ってみたあと、会ったことがあるのを思い出した。

「で、どんな印象を受けた？」

電話口の向こう側にいる相手は、やや興奮気味だった。

私は彼に「村山の政治スタンスは表向きではかなり左派的ですが、実際に面会してみると、私を温かく迎え入れるような穏健な人物でした」と伝えた。村山の首相就任は、間近にせまっていた。


ところで、政治の世界では、自分の過去の行動が予期せぬ場面で自分を救ってくれたりする。これは世の中全般に言えるのかもしれないが、政治の世界では特に顕著だ。

沖縄返還、札幌での冬季オリンピック開催、その他多くの重大な出来事が起きていた時期に駐日アメリカ大使を務めたアーミン・マイヤーの回想録を読むと、そのことがよくわかる。

国務省のキャリア官僚だったマイヤーには東アジアでの職務経験はなく、当然、日本関連の仕事に携わった経歴もなかった。にもかかわらず、彼は名誉ある駐日アメリカ大使というポストに任命される。しかも日本が非常に重要な時期を迎えるタイミングでの抜擢である。

マイヤーによれば、その理由は至ってシンプルだった。1960年、リチャード・ニクソンが大統領選挙で敗北を喫すると、彼の政治生命は断たれたと誰もが考えるようになる。そこで彼は、のちに出版する自著のための調査の一環として、世界各国の主要都市を訪れた。
旅の途中、ニクソンはマイヤーが大使を務めていたイランの首都テヘランに立ち寄った。その他いくつかの都市に赴任する大使とは異なり、マイヤーはニクソンを温かく迎え入れ、自らの邸宅を宿泊先として提供するなど、丁重にもてなしたという。

その後、1968年の大統領選でニクソンは勝利する。すると彼は、マイヤーに重要な地でのポストを与えるよう、ホワイトハウスに命じるのだ。それが日本だった。

人生とは往々にしてこのような流れをたどり、歴史も同様に作られていく。詳細に目を向けず、起こり得た可能性を考えず、過去の丁寧な分析を怠れば、人は間違った教訓を得て、同じ過ち、いや、より悪い過ちをいつか犯してしまうのだ。

新任の政治担当の大使館員として東京に赴任していたとき、都内を移動中のアメリカ政府高官の通訳として車に同乗することがあった。たしか1990年だった。彼は私のほうに振り返ると、こう言った。

「ジェイソン、なぜアメリカは日本との経済競争に負けているかわかるかい？　アメリカ企業は、素晴らしいアイデアを生み出している。日本の巨大企業がそれらを買い集めて製品を作り、利益を上げているからだよ」

当時の私には、彼の分析はすべて理にかなっていると思えた。日本企業は、年を追うごとに成長し、大企業は世界中で企業や有名な土地や建物の買収を行っていたのだ。

私は札幌で、前衛的なデザインが特徴の新しいビル内にオープンしたばかりのイタリアンレストランでの会食に招かれたことがある。そのレストランには客がほとんどいなかった。だがオーナーは、豊富な資金があるのでかまわないと言っていた。数年後、彼の考えは果たして変わらぬままだっただろうか。

また別の男性は、自身で購入したフォードの名車サンダーバードのガルウィング型2台を誇らしげに見せてくれた。1台25万ドル以上の価格だったと記憶している。何らかの事情があって車検が通らず、彼がこれらを運転できるのは自宅の小さな駐車場の中だけだった。これらはバブル時代の私の思い出になっている。

前出の政府高官の経済に関する見方は、今になって思えば、間違いだった。すでに90年代、GAFA（グーグル、アップル、フェイスブック、アマゾン）時代の到来を予感させるような斬新なアイデアを持ったスタートアップ企業がアメリカで誕生し始め、徐々に経済の勢力図を変えつつあったことを考えれば、単なる間違いではなく、大間違いだったと言ってもいいだろう。ただし、政府の役人は経済やビジネスの専門家ではない。そのため、実際に起きているビジネスの潮流を正確に読み解けなかったとしてもおかしくはないのだ。

その後、アメリカのスタートアップ企業はそれまでの形勢を逆転し、今や世界中を席巻《せっけん》している。90年代、アメリカ企業を圧倒していた日本の巨大企業は、現在、アメリカのスタートアップ企業に打ち勝つ術《すべ》を持ち合わせていない。

スタートアップ企業の成長過程を追っていくと、企業のイノベーションの力に市場が反応し、それに合わせて変化していくプロセスがよく見えてくる。

各国のキャリア官僚の役割

私は、日本のエリート官僚に対して大きな敬意を抱いている。現代の日本が作り上げられていく中で、彼らの果たした役割は大きい。その裏には役人として彼らが払ってきた大きな犠牲がある。1995年、私は東京大学の外国人客員研究員を務めていた。その際、日本の官僚制度を研究課題に選ぶほど、彼らは私に感銘を与えてくれる存在だった。

客員研究員をしていた当時は、毎日がスリルに満ちていた。地下鉄丸ノ内線で本郷三丁目駅まで行くと、そこからは聡明な日本人たちのための学問の場であり、歴史の深さでも知られる本郷キャンパスまで歩いていった。これが無性に嬉しかった。

私はこれまで長いこと、大学運営というものに魅了されてきた。学長は若者たちの健全性の維持に目を向けつつ、多種多彩な教員の管理をする一方で、将来に向けての投資にも目配りしなくてはならない。さらに、学びをより花開かせるために独自の学風を築いていく必要もある。

世界的な学術競争の時代において、大学側は最高の施設への投資、最高の教員の確保、寄付や研究協力をさらに引き寄せるプログラムの提供を求められている。それを可能にするためには潤沢な財源を蓄えておかねばならない。

世界中の大学で重要視されている指標の1つは、寄付金と財産の合計である大学の基金である。ほとんどの大学は、金融の専門家たちを雇い、将来にわたる大学の成長を促すために基金の運用をしている。

東京大学基金のホームページで基金の額（大学基金に含まれていない、その他の大学資産があるのかもしれないが）を調べると、約150億円（約1・4億ドル）であるのがわかる。かなりの額だと思うかもしれないが、海外の大学と比較してみることで、実際の規模が見えてくる。

アメリカのミネソタ州に、小さいながらに評判の高いカールトン・カレッジという1866年に設立された私立大学がある。学生数はおよそ2100名だ。この大学の基金は、最近のデータによると、約8億ドル（約865億円）を上回っている。アイオワ州の田舎にあるグリンネル・カレッジも学生数1700名と小規模ながら、エリート私立大学として知られている。こちらの大学の基金の総額は、約20億ドル（約2163億円）以上もある。

ではハーバード大学はどうだろうか。その額は2019年末時点でなんと約400億ドル（約4兆3250億円）に跳ね上がる。

中国の大学と比べてみてもいいだろう。エリート大学として知られる清華大学は、２０１９年末時点で約13億ドル（約１４０６億円）の基金を有している。

政府からの補助金や学費を受け取れる立場にあったとしても、物理研究室に最新の機器がそろい、化学のための新たな研究棟を建てられる潤沢な資金をすでに蓄えている大学にはかなわないだろう。

東京大学をはじめ、その他の日本の大学が今世紀の学術競争に勝てるようになるために、私はあえてこうした比較を思考の糧として提供したい。

東京大学で客員研究員をしていたころと同時期に、首都圏にある簡素な研修施設で行われた中堅官僚を対象とした２週間の研修に参加する機会があった。参加者たちは、実に様々な省庁からやって来ていた。

官僚たちと接するうちに、私は彼らの知識と学歴に驚かされた。特に警察庁の官僚たちは秀でていた。アメリカには日本の警察庁に相当する政府機関はない。その特質と影響力を考えると、連邦捜査局（ＦＢＩ）が最も近い存在となる。

研修中は毎朝早い時間に芝生の敷かれた庭に集まり、体操を指導する教官の前に整列する。自分も含め、私たちの多くがまだ完全に目覚めていないような時間帯だった。運動着姿のエリート官僚の１人がタバコを口にくわえ、教官の指示に従う姿が印象に残っている。

彼は、鉄人のような日本の官僚の典型のような人物だった。

キャリア官僚として職務を通じて数カ国に駐在してみてわかったのは、官僚の役割が国によって大きく異なるという事実である。

イラクのモスルで、私は現地の水資源省と密に関わりながら、モスルダムの容易ならない安全確保の実現のために働いたことがある。そのダムは、崩壊したサダム・フセイン体制が残したものだった。そこで私は、現地の技術官僚のプロ意識と献身に心を大きく動かされた。旧ソ連地域への赴任では、昔ながらの方法で訓練された外交官と知り合っている。国家間協定に関する法的スキルと知識およびその実践において、彼らを打ち負かすのは本当に難しかった。

アメリカでは、キャリア官僚たちはこれまでに疾病対策センター（CDC）などの世界的に有名な機関を立ち上げてきた。しかしアメリカでは、官僚たちの影響力や役割は急激に衰えつつある。多くはない報酬しか提示できないため、意欲的でプロ意識を持った若者を引き付けるのはますます難しくなっていくだろう。この傾向に対し、私は憂慮の念を抱かざるを得ない。

私個人の意見としては、オーストラリアで実践されている方法が、キャリア公務員を育成するモデルケースの1つだと考えている。オーストラリアのトップのキャリア公務員たちは、恵まれた報酬を保証されており、国民からの名声を享受している。彼らは――そして国民全体も、公共政策を実行に移すだけの存在としてだけでなく、公共の利益のとりまとめ役として、その自律的な役割を大切にしている。

私が東京大学の外国人客員研究員だったのは、1994年から1995年の1年間だ。その後、福岡に赴任してから日本を離れ、16年ほどの時を経て2014年に再び戻ってきたが、それは一昼夜ほどの短さに感じた。その間、日本の官僚制はがらりと変わった。ちょうど日本に戻ってきたころ、安倍晋三首相は国家安全保障会議を発足させている。この動きは、政策の策定と実施の方法に劇的な変化をもたらした。これによって日本の国家安全保障の体制が、国家安全保障会議を擁するアメリカの体制と近くなり、2国間協力が容易になった。

安倍首相はまた、高級官僚の昇進に関する影響力を以前より積極的に行使するようになった。そして、天下りという慣習は大きく崩れ始めたようだった。

私は、ベテラン官僚が長きにわたって国家に対して忠実な職務を全うしたあとに、ビジネスや行政の重要な地位に移ることに強く反対しない。

悲しいことだが、官僚に課せられている非常に困難な職務と、彼らが受け取れる実に抑制的な俸給を考えると、日本政府がこれから先もエリート大学の卒業生を引き付け続けられるかどうかについて疑念を抱かざるを得ない。特に彼らの名声が失墜した場合、人材の確保は深刻な問題となるだろう。

すでに述べたが、日本の官僚たちがこなしている長時間におよぶ労働は驚きに値する。夜遅くまで、またはおそらく一晩中、彼らはとにかく働き続けている。

特に国会期間中はこの傾向はより顕著だ。私自身も外交官として非常に長い時間を職務に費やし、毎日のように働いてきた。とはいえ、もしも私が、日本の官僚のような勤務形態を維持しなければならなかったら、私の健康は損なわれていただろう。

日本の官僚が、どのようにして、あのような仕事のペースを何年にもわたって来る日も来る日も維持しているのか、私には率直に言ってわからない。真の危機的状況を除き、睡眠だけはしっかりととるべきだと私は信じている。

過去十数年を通じ、官僚と政治権力間のパワーバランスに変化が生じたのは間違いないだろう。そして時期を同じくして、人々の働き方に対する考えも大きく変わってきた。これらを含むいくつもの変化が、日本社会のあり方に影響を与え続けている。その影響は今後も広がり、さらなる変化をもたらすに違いない。

阪神淡路大震災の被災地で経験したこと

習慣的に、私は早起きをする人間ではない。したがって、早朝5時30分過ぎに突然目を覚ますことなどまずない。

1995年、私はアメリカ大使館の職員宿舎で暮らしていた。しかしあの日、1月17日だけは例外で、とても強く、持続的な衝撃を感じたときは、すでに起床して自宅の廊下にいた。このとき私は、関東周辺で地震が起きたか、もしくは遠い場所で非常に強い地震が起きたのではないかと思った。

すぐにテレビをつけてNHKを見ていると、確か1分ほどで関西からの中継が始まった。テレビの前で、私は地震発生直後から災害が広がっていく様子にくぎ付けとなった。

その日の早朝、私が自宅で感じた地震は、関西で起きたものとは別の関東で起きたものだと知ったのは、何年もあとになってからだった。

次々と被災の規模が明らかになるにつれ、私は自然の力に畏《おそ》れを感じ、衝撃を受け続けた。私のように被災地から離れて住んでいる多くの人たちも、おそらくそう感じたはずだ。災害発生1日目が終わろうとするころ、突如、被災地を助けなければという明白な考えが浮かんだ。私はすぐに、東京の領事担当公使参事官に連絡を取った。

申し出はすぐに認められ、私は翌日、小さなサポートチームと共に関西に向かった。東京を発つ前、私は公使参事官に会いに行った。すると彼は、「必要なものはすべて手に入れてくれ。もしもボートが必要ならば、ためらわずに借りてくれ。費用はすべてアメリカ政府が負担する」と言ってくれた。私たちの目的は、被災地のアメリカ人の支援であり、それを自分たちの手で行いながら現地で行われている救援作業の負担を少しでも軽くし、それと同時に日本政府側との連携役を担おうと考えていた。

大阪に到着すると、神戸に向かう鉄道は麻痺《まひ》状態だった。そこで私はヒッチハイクをしながら神戸市街を目指した。現地では1週間ほど避難所で過ごすことになる。

実に多くの人が、家族や身近な人たちを助けるために市街に押し寄せており、その影響で交通渋滞が起きていた。私を乗せてくれた車は、途中で警察に止められ、折り返すよう指示された。

私は自分の身分証明書を見せると、外交官であることを伝えた。するとこれが通行許可証のような役目を果たし、私たちは神戸を目指すことができた。飲み込みの早い運転手は、検問に引っかかるたびに、外交特権を振りかざすかのように、誇らしげな素振りで警察に私を見るように合図をした。おかげで、周囲に広がる大混乱にもかかわらず、私は危惧していたよりもずっと迅速に市街に到着でき、すぐに仕事に着手できたのだった。

私は、市内のいくつかの避難所を訪れた。避難住民の方々の多くは、近しい人たちの心配をしたり、亡くなってしまった人たちを思って嘆き悲しんでいるに違いなかった。そんな状況にありながら、その場を覆いつくしているのは「静」だった。その静けさは、深く、そしていつまでも消し去りがたい印象を私の心に残すことになる。

街中では、大地震に耐え抜いたＰ＆Ｇのアジア本社などの小ぎれいなオフィスビルと、倒壊してがれきの山と化した古い木造建築プレハブ構造の建物の残骸が見られ、強烈なコントラストを描き出していた。

そのときまで、私は神戸を訪れたことはなかった。日本が世界に扉を開いてからというもの、神戸では多くの国際的な貿易が行われてきた。街はすっかり荒廃していたが、それでも私はこの土地が持つ特別な歴史を感じ取っていた。

夜になると路上には、どこからともなく中年の男性がラーメンの屋台を引いてやってくる。それを見た住人たちは嬉しそうに外に出てきて、温かい食事を楽しんだ。非常時にあっても、ラーメンの値段はいつもと変わらずだった。

残念ながら、阪神淡路大震災では災害援助のための自衛隊派遣が出遅れたケースとなり、多くの批判にさらされてしまう。その後、災害援助出動の仕組みは是正され、自衛隊の一般隊員による災害時の働きは称賛されるまでに様変わりする。

このとき私は、安否確認が取れていない市内の外れに住むアメリカ人宅まで歩いて訪れている。

彼らの家にたどり着くと、夫婦は私をじっくりと眺めた。テープで補強されたハイキングブーツを履いたその姿を見れば、助けを必要としているのは彼らではなく、私のほうだと映ったに違いない。彼らは、ブーツに応急処置を施すと（その後、私はアメリカのメーカー、L.L.Bean社にブーツを返送し、無料交換してもらった)、温かい飲み物をごちそうしてくれた。それだけでなく、見送りまでしてくれたのだった。

仮設の死体安置所で、就寝中に被災して亡くなったアメリカ人女性の身元特定をする作業は、厳粛かつ実に神聖な職務だった。私は以前、同様の作業をグアテマラでも行っている。

この日本という国は、実に多くの惨禍に苦しんできたのだと心の底から感じざるを得なかった。地震や津波、火山の噴火、大火災、そして時代によっては戦争がこれらに加わる。自然災害に耐え忍ぶ姿勢は、日本人のDNAの中に組み入れられている。

国家や集団として、これまで長い歴史を刻んできた私たち人間は、先人たちが被ってきた深刻なトラウマを自分たちの精神的なDNAの中に脈々と取り込んできたのだろう。そうした深い真実を見ている気がした。

私がまだカリフォルニア大学バークレー校に在籍していたころ、ニコラス・V・リアサノフスキーという素晴らしい教授がいた。彼は、その分野で権威的とされる書物『ロシアの歴史』の著者として知られていた。

この教授はまさに、人々の中に潜む真実について語り、ロシア人はいまだに1598年から1613年の動乱時代に蔓延した徹底的な無秩序と暴力についての集合的記憶を失っていないと教えてくれた。そしてその記憶は、ロシア人たちが何かを決断する際には今も何らかの影響力を持っていると。

この事実に気が付けば、外交政策を立案する専門家たちが、政策の対象となる地域とそこに住む人々についてしっかりと知る道徳的義務を負っていることがより明白にわかってくるだろう。

阪神淡路大震災が起きた年と同じ1995年の3月20日、東京では地下鉄サリン事件が発生している。丸ノ内線を使って大使館員宿舎から東京大学法学部の校舎のある本郷三丁目駅まで通っていた私は、テロによって引き起こされた人々の痛みと混乱を目の当たりにした。

事件からすでに20年以上が経つが、この無益な行いによって犠牲になった方たちの家族や地下鉄職員がいまだに心的外傷に悩まされ、回復に努めている様子がニュースを通じて伝わってくる。

“株式会社アメリカ”のセールスマンとして奮闘する日々

アメリカの外交官にとって、高い優先度を占める職務は、アメリカのビジネスを奨励することだ。私たちの経歴を見ると学究的な傾向が強いのだが、通商に精通した優秀な代弁者やセールスマンになるべく実地で学びながら、日々の職務を果たそうと努めている。

在福岡アメリカ領事館で首席領事を務めていたとき、領事館ではアメリカ企業の日本市場への参入促進に重点を置いていた。参入例の1つがミスタードーナツであり、このとき私はアメリカのドーナツを日本に広めるために奔走していたのだ。これはなかなか誇らしい仕事だった。

当時、ミスタードーナツは、スーパーのダイエー店舗内での出店を目指していた。それまでは、ダイエー店舗内のミスタードーナツの出店は例がなかったのだ。それもあり、ダイエー福岡店がミスタードーナツを受け入れてくれるのが決まったときは、おのずと祝賀ムードが高まった。

私はアメリカ政府の代表として厳かな式典に招かれた。私の前方にはミスタードーナツの社是が掲げられていた。それらはいずれも、ドーナツを作り、提供するための適切な信条だったが、一方でどこか十戒のようにも見えた。

式典には、ミスタードーナツのマネージャー、僧侶、力士といった来賓も列席していた。挨拶はマネージャーによるミスタードーナツの〝十戒〟の復唱から始まり、僧侶による商売繁盛の祈念が行われた。その後、私がアメリカ政府とアメリカ国民を代表して祝辞を述べた。

もう1人の来賓である力士が、何をしたのかはよく覚えていない。それでも力士がそこにいるだけで、なぜか全員が嬉しい気持ちになった。私自身は、外交官の職務の1つを果たすことができ、幸せな気分に駆られていた。

１９９０年代後半、私たちはアメリカ貿易フェアを自ら企画し、北九州市に近い巨大なコンベンションセンターで実際にフェアを開催することにした。ところが、数十のアメリカ企業やそれらの企業の代表者に参加をお願いしなくてはならないにもかかわらず、私たちはスタッフ不足という悩みを抱えていた。それを考えるとかなり無謀な試みだと言えたのだが、イベントは大成功のうちに幕を閉じた。

このとき、福岡の領事館ではウォルター・モンデール大使に招待状を送り、フェアの開幕に立ち会ってもらうよう依頼していた。すると彼はそれを快諾し、実際に参加してくれた。私たちは大使を迎えるという栄誉にも与ったのだ。

大使の滞在は短期間だったが、その間に何かできることはないかと考え、私は色々と調べていた。すると、第二次世界大戦が終わって数年後に、北九州でアメリカ人飛行士がエンジントラブルに見舞われるという出来事が起きていたのを知る。その飛行士は、脱出をして飛行機をどこかに墜落させるのではなく、そのまま機内に残り、安全な場所に故障機を誘導し、そのまま命を落としていたのだ。

操縦士が脱出していたら飛行機が墜落していたと思われる場所には、ある会社が所在していた。この会社は、静かな木立の中に操縦士のための美しい追悼碑を建てていた。私は、失われた若い飛行士の命が地域社会によってこのように追悼されている事実に心を大きく揺さぶられた。

北朝鮮による日本人拉致問題

2015年3月、この時期になるとしばしば荒れ模様となる日本海側に面した新潟を訪れた。東京から新幹線に乗り、県境を隔てる山々を貫くトンネルを突き抜けると、本州の向こう側に到達する。東京の天候は、穏やかで晴れ渡っていたが、日本海側は風が強く、厳しかった。雨粒は、激しく、そして容赦なく落ちてきた。

その日は、かなりスケジュールが詰まっていたのだが、私は、拉致被害者の横田めぐみさんと娘の救出のために献身的な活動を続けている両親に敬意を払いたいとの思いから、めぐみさんが拉致された現場に足を運び、この目で実際にその場所を確かめた。

新潟では、この事件を担当する警察庁の職員とも会った。事件にまつわる事実は、聞けば聞くほど殺伐としたものであるのが理解できた。

拉致が実行された日、めぐみさんは、海岸にまっすぐつながっている通りの突き当たりにある中学校を出て、帰宅の途についた。地元の目撃者の1人は、日本銀行に勤める父親と母親と住むアパートに向かう彼女が、通りの曲がり角を曲がったところを見ている。さらに次の曲がり角でも、別の目撃者が彼女の姿を捉えている。自宅まではあとほんの少しの距離だったが、曲がり角で目撃されたのを最後に北朝鮮の工作員によって拉致されてしまうのである。

北朝鮮の工作員に拉致された当時、ほんの13歳だった少女が歩いた道を私はたどってみた。

私が知るすべての外交上の決まり文句は、このときまったく意味を持たなかった。あるのはただ、とある家族が背負わされてきた終わりのない悲劇だけだ。悲しいことに、長年の間、娘が連れ去られたと訴える彼女の両親の叫びに人々は耳を傾けなかった。しかし今は、拉致された事実を誰もが知っている。そしてめぐみさんは今も、行方不明のままだ。彼女が無事に帰国できるように祈らずにはいられない。

国家間の外交問題では、信じがたいほどの出来事が起こるものなのだ。

日本の片隅に隠され続けてきた場所

ジェットフォイル船が早朝の長崎港を出航する。私たちが向かっていたのは、五島列島の福江島だった。1990年代後半にかけて九州に住んでいた私だが、五島列島を訪れるのは初めてだった。

この温暖な島は、盛んな農業、豊かな漁業、ポストカードの写真のような手つかずの海岸に恵まれている。そしてまた、日本の歴史とこの国の精神性の奥深くに入り込もうと思うのならば、必ず訪れなくてはならない島とも言える。

その理由は、16世紀にキリスト教が深く根を下ろし、残忍な抑圧と絶え間ない孤立に直面しながらも、世代を超えて自らの信仰を守り続けてきた潜伏《せんぷく》キリシタンが住んだ土地だからだ。その信仰は今も引き継がれ、福江島は教会の島として知られるようになった。

海岸から近い入り江の脇の小さな草地に、現在は博物館として使われている堂崎教会が建っている。頑丈な赤レンガの教会だ。周囲はとても平和な場所だった。

19世紀後半になって禁教が解かれ、カトリックの司祭が戻って来たとき、潜伏キリシタンたちはこのあたりで考えられる最も静かな場所を選び、この教会を建てたのではないだろうか。何世紀にもわたる苦難の末、やっと見つけた平穏な土地である。

教会の中庭には、髷《まげ》を結った若い男性が十字架に磔《はりつけ》にされた銅像が建っている。この人物は、１５９７年に関白豊臣秀吉の命令で磔刑《たっけい》に処せられた26人の殉教者の1人、聖ヨハネ五島だ。日本列島の端に位置するひっそりとした小島の人里離れた場所に、強い力を放つ芸術作品がひっそりとそびえたつ。

私はその場に佇《たたず》み、１６５２年に開始されたニーコン総主教の典礼改革に反対して破門され、20世紀に至るまで弾圧され続けたロシアの古儀式派の人たちを思い浮かべた。彼らは、ロシアおよび世界中に散らばり、孤立や亡命を強いられながら逃げ場を探してコミュニティを作り、いくつかは秘密のコミュニティとして存続した。

極度の地質学的な圧力を受けて形成されるダイヤモンドのように、とてつもなく厳しい試練の下で、信仰を永続させてきたという証言は他にもある。

例えば、数十年間にも及んだスターリンによる圧政下、信仰を守ってきたウクライナのギリシア・カトリックたちだ。彼らも称賛に値する。自分たちの信仰を絶やさず、苦難を耐え忍んできた例は、これら以外にもたくさんある。

日本の西洋史は、日本の「キリスト教の世紀」と、あらゆる形態のキリスト教の実践も禁じた秀吉の禁教令について、1つか2つの段落を割くだけだ。

アマチュアの歴史家として、私はなぜ、日本とキリスト教の出合いがそのような悲劇的な状況へと展開していったのか、さらには日本の人たちが潜伏キリシタンをどのように捉えているのかに興味をそそられる。

聖フランシスコ・ザビエルをはじめとする宣教師たちは、才能とカリスマ性を間違いなく備えたグループだった。日本では、100年近くにわたる戦国の世が続き、貧困がはびこっていた。人々は厳しい身分制度に組み込まれて苦渋の涙を飲んでいたのだ。そこに、ヨーロッパの大国の到来によって引き起こされた国内での権力争いと混沌《こんとん》がひしめき合い、さらに状況を悪化させていた。これらの要素を考えると、日本にはキリスト教を受け入れる下地があったはずだ。

当時、秀吉の政治的な思惑は、非常に明確だったに違いない。教会とキリスト教は自らの統治に対する脅威であり、秀吉は自分が司る権力中枢とは別の権力の存在を許せなかったのだ。また、ポルトガル人とスペイン人が海外の土地を征服して植民地化するために、戦略の一部として司祭を利用しているという申し立てを耳にし、警戒したのではないか。

さらに言うなら、身分にかかわらず神の下では誰もが平等であるという民衆の心に響くメッセージ、自らの権力以外への忠誠心、神の御言葉《みことば》によって世界を変えるという丸腰の境界人たちの強い力が、より一層、秀吉には脅威に映ったのかもしれない。

こうした状況にもかかわらず、日本人自身が宗教的コミュニティを組織化し、自らの手で指導力を発揮し続けてきたのだ。このような重要な役割を果たした人たちは、歴史の中で強い印象を与える大きな存在となっている。

私にとって潜伏キリシタンたちは、信仰の力を象徴しているだけでなく、市井の人々が信仰のために権力に立ち向かう姿を表した最高の例でもある。

日本政府と長崎と熊本両県による取り組みが実を結び、2018年、「長崎と天草地方の潜伏キリシタン関連遺産」がユネスコ（国際連合教育科学文化機関）の世界文化遺産に指定されたのは、とても素晴らしいことだと思う。

私を魅了し続ける日本文化とその担い手たち

私は盆栽が好きだ。盆栽は、日本に息づく典型的な伝統芸術である。

特に学生時代に歴史を専攻した私のような人間にとって、枝ぶりに刻み込まれてきた物語はもちろんのこと、美しい樹の姿に変えるために時間と人の技を加えながら調整、再調整を重ね、その美を未来に引き継いでいくというスタイルは何とも言えず魅力的だ。

以前、数々の盆栽が仕立てられている皇居・大道庭園を訪れる栄誉に与ったことがある。その際、私は、世界最古かつ最も精巧な盆栽を鑑賞している。

この庭園では、樹齢600年の真柏《しんぱく》や樹齢550年の五葉松「三代将軍」を含む、600本ほどの盆栽が育てられていた。江戸時代に代々の徳川将軍によって愛でられてきた盆栽もまだ残っている。

これらの芸術的かつ驚異的な作品に日々目を行き届かせている職人たちの並外れた技術に、私は大きな感銘を受けた。

さいたま市にある大宮盆栽美術館にも足を運び、世界的に知られる盆栽師の加藤崇寿《たかひろ》氏が営む蔓青園《まんせいえん》にも立ち寄っている。

大宮盆栽美術館で私が特に気に入ったのは、岸信介元首相が以前に所有していたという花梨《かりん》の盆栽だった。もしかしたら、安倍晋三前首相も幼いころに見ていたかもしれない作品である。このとき私は、１９２３年の関東大震災で被災した盆栽師たちが、東京からこの地へと移り住み、大宮を世界の盆栽の中心地として築き上げたという歴史を知った。

私はここで、元々は新潟の崖に生えていたという樹齢１４００年の盆栽を観賞した。そのあと、盆栽の手入れの仕方について加藤氏から手ほどきを受けている。加藤氏の祖父はアメリカ国立樹木園に50鉢の盆栽の標本を寄贈しており、その功績にちなんで国立樹木園内の日本盆栽館までの小路は「加藤散策路」と名付けられている。日米両国の友好を表すエピソードと言っていいだろう。

蔓青園を営む加藤家は、何世代にもわたって盆栽の育成に携わってきた。

その家業を継ぐ崇寿氏は、「盆栽の精神は、自然との調和を図りながらいかに樹を導き、それを育て、樹勢を失わせずにどれだけ長い道のりを生かせるかである」と話し、盆栽が日本の複数の首相によってアメリカの歴代大統領に寄贈された例を紹介してくれた。

盆栽の樹々に囲まれていると、それぞれの盆栽が最初に栽培された時代、もしくは原木が運ばれてきた遠隔地での物語から始まり、これらの名品を傍らで愛でながら暮らしてきた各時代の有力者たちの物語がどこからともなく聞こえてくるようだった。

誕生日から数日後、アーティストの草間彌生は花束であちこちがふさがったスタジオス

草間彌生（左）と著者（中央）

ペースで仕事をしていた。いくつかの花はすでに枯れ始めていた。私はそれらの花束の中に、持参した新たな花束を追加した。

握手をしようと思い、彼女の温かい手を取ったとき、彼女がこれまでの人生で経験してきた苦闘の日々と、栄光にたどり着くまでの歩みが、私の体にも伝わってくるのを感じた。

とても優雅で親切な彼女は、より活発に創造するために平穏を保ち、その状態によって新しいアイデアを次から次へと生み出しているように見えた。

私たちはいくつかの場所で一緒に写真を撮り、彼女は特に「I want to live forever」というタイトルのついた大きな絵画の前で撮影することを強く望んだ。

ニューヨークでの長い滞在が、彼女をどのように変え、世界の偉大な現代美術の芸術家の1人になるまでの過程でいかなる影響を与えたのかを彼女自身から聞き、私は感動した。彼女が故郷の長野を去り、自らの芸術性を花開かせるためにニューヨークに旅立つきっかけになったのは、偉大なアメリカ人芸術家であるジョージア・オキーフに手紙を送り、彼女から個人的な返事を受け取ったことだったと、私はどこかで読んだ記憶があった。

だが、オキーフがニューヨークで彼女のメンターであり続け、草間本人によると、時折ギャラリーからギャラリーを訪ねては、草間の作品を展示するように勧めていたという話は初耳だった。オキーフは彼女のためにニューメキシコ州にある自分のスタジオのスペースを使わせてくれると申し出てくれたが、草間はニューヨークに滞在することが重要だと信じていたという。


さらに私は、素晴らしい歌手であり、作詞家、作曲家、作家でもあるさだまさしと時間を共にする機会も得ている。彼には一度、大使館公邸で、南こうせつとイルカと共に即興コンサートを開いてもらったことがあった。

私は、「防人《さきもり》の詩《うた》」という楽曲を通して彼の才能に触れた。「おしえてください」というフレーズで始まるこの曲の歌詞は実に普遍的で、私たちすべてが抱く思慕や疑念、生き死にへの畏怖が実にうまく表現されている。

私たちが夕食を共にしていたときだった。彼は、私の好きな日本映画について尋ねてきた。そこで私は『眉山《びざん》』と答えた。この映画は、疎遠になってしまった徳島の父娘《おやこ》の話を扱っている。そこで初めて、私は彼が映画の原作を書いた人物であるのを知るのだった。この物語は、日本の家族と社会について深く理解したい外国人は必ず読むべき作品だと思う。

彼は夕食の席に、自らが信頼する親しい友人と、ビジネス上の補佐役を連れてきていた。さだによると、彼らは小学校時代からの付き合いだという。日本人にとって、これは驚くに値しない普通のことだろう。しかしアメリカでは、小学校や中学校、高校時代からの仲間との密接な付き合いが成人後も続き、のちにビジネス上の関係にまで発展していくケースは考えにくい。仮に大学時代にまで引き延ばしたとしても、このような関係性はなかなか想像できるものではない。これは、共通の経験を通じて築かれた個人的なつながりがもたらした永続的な力の証明と言っていいだろう。

外国人である私たちに、そんな緊密な絆を打ち破ることなど端《はな》からできるわけがない。私たちにできるとすれば、誠意をもって長年にわたり友情と信頼の絆を築き上げ、そのすべてを大切にすることだろう。

これまでに出会った数々の素晴らしい芸術家には、２０１６年に亡くなったミステリー作家の夏樹静子もいる。彼女とは、福岡に駐在しているときに知り合いになった。夏樹は、由緒ある家系出身の上品な母親と妻の典型のような人で、とても控えめな性格だった。

そうした印象を与える一方で、多作のミステリー作家として知られ、国際的に認められていた1人でもあった。彼女の作品の特徴は、文字通り最後のページにたどり着いて明らかになるまで、誰が殺人犯なのかわからないところにある。

読後、気を付けながら改めてページを戻っていくと、すべての詳細が話の展開に矛盾なく一致しており、そこから逸脱するような要素は１つもないのに気づくのだ。

私は、家族と社会への義務をとても優美に果たすと同時に、執筆への想いを情熱的に追求していた彼女の姿勢を尊敬していた。私の母も作家であり、その息子として、私は夏樹が成し遂げた功績をより身近に強く感じることができた。

神は、いかなる基準をもって自らが生み出した創造物に対して選別を行い、どのようにして選ばれしものに天賦の才能を授けるのだろうか。ふと、そう考えるときがある。また、そんな稀《まれ》な才能を与えられた人物が、いつまでも謙虚な気持ちを保ち、心を開いたままの状態でいられたら、これ以上の天恵はないと思う。

第5章
外交官として世界を駆け巡った日々

第5章　外交官として世界を駆け巡った日々

大きく異なる様々な土地に赴任するという特権を享受してきた中で、今でも決して忘れられない物事がある。それらをいくつか紹介していきたい。

すでに述べたように、アメリカ国務省の外交官として私が最初に与えられた任務は、在グアテマラ大使館での勤務だった。ここで私は、反乱と対反乱作戦についての知識、歴史は単に過去という意味ではないこと、そして、外交官としての模範とは何なのかについて、多くの知見を得た。

グアテマラは、永遠の春の国と呼ばれる。肥沃《ひよく》な農地、冷涼で緑豊かな高地、そして広大な密林が太平洋と大西洋に挟まれて広がる、とても美しい地形を擁する国だ。マヤ文明が栄えた地でもあり、国民の過半数がマヤ系の人々で占められる。

そしてここは、世界情勢に関する皮肉な考え方を得られる場所であると同時に、訓練された者の目には、時の刻まれるメカニズムがよく見えてくるところでもある。

私はこの地に来て、結果を方向付ける上で政治的な意志の力がどれほど決定的――もしくはほぼ決定的——な要素となるのかを初めて体感した。

グアテマラでは、共産主義に触発された武装反乱軍が、長期にわたり、政府側を相手に血なまぐさい戦闘を続けてきた。その期間は実に数十年に及ぶ。

現地の人々の話によれば、共産ゲリラが政府軍から身を隠していた人里離れた高地の奥地では、人の命は塩のつぶてほどの価値しかないとのことだった。

グアテマラで体験したこと

私が国務省を辞去してから数カ月後、ある友人が、国務次官だったトーマス・シャノンが自らの引退を表明した際に送信したというお別れのメモを見せてくれた。シャノンはブラジル大使のほか、国務次官補（西半球担当）などのデリケートで重要な数多くのポストに就いてきた人物である。

彼はまた、私の親友であり、互いにとって最初の勤務地となったグアテマラでは同僚として働いている。私たちは仕事のコツを学びながら大使館の副領事を務め、このエキゾチックで魅力的な国を探索しながら人生のひと時を過ごしていた。

当時、隣国のエルサルバドルではゲリラ戦が繰り広げられていた。グアテマラでの数十年にわたるゲリラ戦は終焉《しゅうえん》に近づく一方で、周辺国のニカラグアではサンディニスタ政権が誕生していた。

この時期、中央アメリカはメディアと政策立案者たちから強い関心を集めており、それが私たちの職務をまたさらに刺激的にするのだった。

領事館員としてキャリアをスタートさせた私たちの主な仕事は、ビザを発行したり、現地に暮らすアメリカ人の安全な生活を確保することだった。だが、大使館から出られる機会を探っては、公式な名目を作ってグアテマラ中を巡り歩いた。

私たちは、グアテマラの〝領事調査〟を行うというやり口を見つけ、地元の役人や首都から遠く離れた場所で暮らすアメリカ人、地域のNGO職員に会うために、いつでも好きなところへ出かけられるような状況を整えた。これができたのは、非常に理解のある上司――その当時、偉大な外交官の1人として知られていたフィル・テイラー総領事――が私たちの意図に賛同してくれたからだった。

あるときは、想像ぎりぎりの範囲と思いたくなるくらい遠く離れた場所に住むアメリカ人に会うために、私たちは熱帯を流れる川を下っていかなくてはならなかった。ようやく現地に到着すると、同胞であるアメリカ人は、村を巡る砂埃《すなぼこり》の舞い立つ未舗装の道をスクーターで走り回りながら、リサイクルされた食用油を村の住人たちに配っていた。私が、「どのような経緯からこの小さな村に住むことになったのか」と尋ねると、「家のリビングで座っているとき、突然、中央アメリカに行こうと決めた」とのことだった。そのとき彼は、すぐさま地図を取り出すと、目をつむり、何も考えずに指を地図の上に置いたそうだ。その指が指し示す場所に旅立つつもりだったという。こうして彼は、グアテマラの奥地に自分だけの楽園を見つけたのだ。

私は日々、マヤ系住民社会の文化の回復力の強さに注目していた。マヤ系の人たちは、現在、グアテマラの人口の過半数を占め、かつてはグアテマラ、メキシコ、ホンジュラスなどの一部に広がった強大なマヤ文明の子孫たちだ。彼らにとって転機となったのは16世紀。スペインから征服者たちがやって来ると、支配権は徐々にスペイン帝国に奪われていった。

私は一度、この土地で繰り広げられてきた苦闘がどれほど長く、つらいものだったかを感じさせてくれるような場面に遭遇したことがある。

松林が広がる冷涼なグアテマラの高地を旅していたときのことだ。離れたところに見える丘の上にレンガ造りの砦《とりで》の廃墟《はいきょ》があった。それがいつ建てられたのかを私が尋ねたところ、案内をしてくれた人は、「スペイン人による侵略から100年後、マヤの人たちからスペイン人兵士を守るために建てられた」と教えてくれた。

こうしたかつての苦闘が、その土地の文化の中に強力な回復力を育んできたのかもしれないと私は思った。

現在でも、マヤ系の人たちは20以上の言語を話し、他とは異なる宗教と風習を持ち、自分たちの独自性を示す衣服に身を包む。同じ模様の刺繍《ししゅう》が施された服を着た先住民族たちの一群が道を行き交う姿は、いつ見ても素晴らしい光景だった。

チチカステナンゴは高地にある市場町だ。ここは観光地として人気があり、カトリックの聖トマス教会が町の中心に建っている。教会は、何世紀も前から重要なマヤの寺院があったところに建設された。

そうした経緯がある一方で、今でもマヤの祈禱師が、妥協の産物として設けられた教会内の境界ラインいっぱいまでのスペースを使用し、自分の信じる宗教儀式を執り行っている。これが文化の持続力というものだろう。

カザフスタンで従事した非核化計画

1990年代初め、私は本省に配属となり、中央アジアに新たに誕生した独立国家との関係構築とその維持を司る部署の課長に任命される。

1つの国が独立を果たし、国際社会での地位を築いていく道筋を間近で見られるのは貴重な機会だった。その一連の過程は私にとって非常に興味深く、目を見開かせてくれる仕事となった。中央アジアの新生独立国家側もしばしばそうだったと思うのだが、私たちの仕事ぶりも同様に、その都度、その場で方法を考え、解決の道をどうにか探りながら、即興的に進んでいった。

私は、カザフスタン部門の責任者として、当時、機密扱いされていたサファイア計画――現在は機密解除――の立ち上げから関与することになった。この計画は、カザフスタンおよびロシア政府と協力して600キロの高濃縮ウランを安全な状態で取り出し、それをアメリカに移管するというものだった。

この高濃縮ウランはカザフスタンの最北地域にある施設に保管されていたが、核兵器の製造に使用可能なため、盗まれるかもしれないという現実的な危険にさらされていた。ビル・クリントン大統領が公式の場でこの秘密計画について言及したのは、高濃縮ウランが無事にアメリカに移管されてからだった。

1993年、エネルギー省から専門家がカザフスタンにやって来て、ウランについて最初の査定を行ったとき、私は当時まだ首都だったアルマトイにいた。彼はウェストバージニア州の僻地《へきち》からやって来た田舎者のような風貌だったが、実際は核物理学の博士号を持つ人物だった。見た目というのは、人の判断をいとも簡単に欺くものだ。

査定が終わり、ウランが本物であることが確認されたあと、この危険な物質を安全な場所へと運ぶ空輸計画を成功させるために私は最善の力を尽くした。

ソビエト連邦の崩壊が引き起こした異常事態の結果、カザフスタンは巨大なSS-18大陸間弾道ミサイルを含む、１４００以上の核兵器を保有する国となり、世界で4番目に大きな核国家となっていた。カザフスタン担当となってから、私はずっとこの国の担当者たちと共に非核化に取り組んできた。そして１９９４年2月、ついにカザフスタン議会は核兵器不拡散条約（ＮＰＴ）への加盟を承認する。このときちょうど、私はアルマトイにいた。このニュースを聞き、現地でその瞬間を迎えられたことがとても嬉しかった。

この一件以外でよく覚えているのは、2月のアルマトイは信じられないくらい寒いということだ。

何かの機会があり、私の赴任中にアル・ゴア副大統領がカザフスタンを訪れた。訪問を終え、空港で彼を見送るとき、あまりの寒さにそのときに着ていたパーカーのフードで自分の頭を覆ったままにしておこうと思ったのだが、最後の最後で外交官としていつもの習いが打ち勝ち、フードを取って寒風に震えながら滑走路の脇に立ち続けたのであった。

私にとって特別な国・ウクライナ

ウクライナの首都キエフのアメリカ大使館では政治担当の公使を務め、旧ソビエト連邦の中で戦略的な立場に置かれるこの国とアメリカの政治的な関係を監督した。

これまで私が居住したり訪問したりしてきた多くの国々の中でも、ウクライナは私にとって特別な存在だ。その理由は、駐在中、外交における重要な教訓を学んだからだ。

政治担当の公使として、私は定期的にこの美しい国を旅しながら異なる地方に出向き、その地域の役人や組織、企業、ことにアメリカとの特別なつながりを持つ人々を訪問した。そのような定期的な旅の一環で、私はウクライナ西部を訪れて人々との面会を重ねていたのだが、あるときその地方の州の副知事と会談を行ったことがある。

会談の席上、私はいつものように、その地方の政治情勢、近い将来に予定されている選挙のことなどについて質問した。ところが数週間後、彼が抱えていたビジネス上の争いが悪化したため、副知事はかなり暴力的な方法で銃撃され、殺害されてしまう。

驚いたのは、ある日目を覚ますと、地元メディアによって私がその副知事を殺したかのような報道がなされていることだった。もちろんそれは単なる言いがかりに過ぎない。

こうした報道は数カ月間も続いたが、事情をよく知っているウクライナ政府の人間に、私を問いただそうとする者はいなかった。ただしその間、ウクライナ政府の役人と会合を持つたびに、彼らの様子がどこか緊張し、肝を冷やしているようにも見えた。今思い返すに、彼らは実は心の底で、私が副知事を銃撃した暗殺者ではないかと疑っていたのかもしれない……。

私はウクライナやその他の国々で、人々がメディアを通して目にしたものを容易に信じてしまう現実を目の当たりにした。メディアによる扇動がソ連時代から引き続き行われ、そうした報道を鵜呑みにする危うさを十分知っているであろう現地人の同僚たちでさえ、扇動報道にも多少の真実が含まれると考えているようだった。これらの国々の中でも、政府が発する公式声明への信頼度が特に低い国ほど、メディアの扇動報道を信じてしまう傾向があることに気が付いた。

ウクライナは、ロシアを除くと、ヨーロッパで最も広い国土を有している。世界で最も肥沃な農地に恵まれ、四季が美しく、黒海に沿って長い海岸線が伸びる。川幅の広いドニエプル川が流れ、国土全体になだらかな丘と大平原が広がっている。

伝統的に高等教育を受けている人たちが多く、それは何世紀にもわたって引き継がれている。事実、ウクライナの知識人たちは、ロシア帝国やオーストリア・ハンガリー帝国の発展に大きく貢献してきた。

歴史的および地理的に見ると、ウクライナは、ロシア帝国、ハプスブルク帝国、オスマン帝国の版図が交わる中心地にあり、東ヨーロッパの戦略的な断層線上に置かれている。それゆえ、他の地域よりもはるかに多くの戦争による被害を受け、過去1世紀以上にもわたり悩み続けてきた。

第一次世界大戦、ロシア革命後の内戦、ソ連時代の農業の強制集団化およびスターリンの政策が引き起こした大飢饉をはじめ、当時はポーランドだったウクライナの一部がモロトフ＝リッベントロップ協定（独ソ不可侵条約）によってソ連の統治下となったあとにウクライナ西部で起きた殺戮《さつりく》、第二次世界大戦および同時期に起きたユダヤ人や少数民族の虐殺、1953年3月のスターリン死去まで続いた弾圧政策と、数々の苦難に直面してきた。

ソ連の統治に抵抗した両親を持つウクライナ人の話によれば、モロトフ＝リッベントロップ協定後、ウクライナ西部に侵攻したソ連軍は、6カ月で50万もの人々を殺害したという。1つひとつの詳細はわからないが、ソ連による抑圧があり、悲劇が起きたことは知られている。さらに独立を果たした今に至っても、ウクライナの国土の一部は占領されている。

アゼルバイジャン

キエフのアメリカ大使館での政治担当の公使としての任期が最終年を迎えたとき、私はワシントンDCに戻り、本省での職務に就こうと考えていた。まだはっきりしないながらも、本省勤務をしながら再び東アジア関係に取り組みたいと思ったのだ。

そんな折、ワシントンDCに一時帰国していると、アゼルバイジャン担当の外交官から突如メールを受け取った。正直なところ、ロシアとソビエト連邦に関して学んできてはいたが、当時の私はカスピ海に面したこの国についてほとんど何も知らなかった。

この外交官が送ってくれたメールの内容は、首都バクーにあるアメリカ大使館での首席公使――大使館の中で大使に次ぐ地位であり、大使代理と最高執行責任者の役目を兼ね備える――のポジションを希望してみないかというものだった。私はとても不思議に思いながら、「ありがたいお誘いですが、考えている他のプランがあります」と丁寧に記し、メールを返信した。

その後、中央アジアを担当していたときの上司からメールを受け取るまで、このメールの意図はずっと謎のままだった。

その元上司は、わけありの様子で私にメールを送ってきた。

「ジェイソン、バクーでの首席公使のポジションに関して、もしアゼルバイジャンの担当者からメールを受け取ったら、頼むから〝承知しました〟と答えてくれ」

なるほど、そういうことか……。

私の良きメンターでもある彼は、バクーで大使を務めることが決まっていた。しかし、それを公に口にできなかったようだった。私はすぐにアゼルバイジャンの担当者のところに行くと、「そのポジションに就く準備はできています」と伝えた。

ここからまた、私の人生とキャリアは新たな道――すなわち、表現豊かで美しいアゼルバイジャン語の1年間の研修と3年間のバクー赴任――に進むことになった。

子どものころ、私はC・S・ルイスが書いた『カスピアン王子のつのぶえ』などのファンタジー文学に親しんでいた。そのころはまさか、自分が将来、同じ名前のついた海の近くに住むとは想像もしていなかった。まさに外交官勤務がなせる魔法のわざである。

首席公使への就任は、私にとって初めてのことだった。それまで管理職を務めた経験はあったが、400名以上の職員の上に立つのは初である。部下となる職員には、アメリカ人もいれば、アゼルバイジャン人もいる。首席公使は、大使が職務をうまく果たせるように確実に補佐するという重責を担う存在でもある。

バクーでは、トルコが大規模で影響力のある大使館を構えていた（トルコとアゼルバイジャンは隣国同士であり、両国民はチュルク諸語の言語を話す）。トルコ大使館の首席公使は、経験豊富で学識の高い外交官であり、外国語の中では特に英語とフランス語、ペルシア語がうまかった。彼は私に、「大使館の中で、たとえ1匹でも〝ハエ〟が騒いでいたら、首席公使はその存在に気付いておくべきだ」と話してくれた。

彼が言わんとしていたことはすぐに理解できた。首席公使は、政策、地域の文化、ワシントンの官僚機構を把握しているだけでは成果を上げられない。これらの他、大使館内の様子にも気を配り、問題が大きくなる前に――小さな町の首長のように――適切な対処ができなければならないのだ。トルコ大使館の首席公使のような高い水準にまで到達できなかったと思うが、それでも私はベストを尽くした。

私のいう「ベストを尽くした」状態とは、アゼルバイジャン大統領に対してアメリカ政府の方針を伝える一方で、大使館員の家族が暮らすアパートを真夜中に訪問し、壊れた水道管の修理がすぐに行われるように工事の手配の確認も怠らないという献身ぶりを意味する。

大使館の生活は、小さな町に住んでいるようなものだ。誰もが同じ会社で働いており、会社が提供する住宅に住み、子どもたちは同じ系列の学校に通い、社会生活はその会社を中心に展開していく。ある職場から別の職場に異動する場合でも、それまでと同じ本部に報告し、同じ給与小切手を受け取るのだ。勤務年月の経過とともに、別の場所で一緒だった同僚と再び同じ場所で働くこともある。

首席公使ともなれば、大使館全体の士気に常に敏感でなくてはならない。2004年の夏にバクーに到着すると、すぐに私は、感謝祭の伝統的な夕食には欠かせない七面鳥が前の年には不足したという話を聞かされた。となれば、私の監督下では同じことが二度と起きないようにしなければならない。そうすることが首席公使の責任なのだ。

私の赴任中、感謝祭の時期には十分な七面鳥がバクーには用意されていたはずだ。事実、私の周囲では「七面鳥が入手困難だった」という苦情は一切出てこなかった。このような雑務に首席公使の時間は費やされるべきではないのでは……。そう思うようであれば、立派な首席公使にはなれない。

アゼルバイジャンは、私たちが「厳しい地域」と呼ぶエリアに該当する。そこで私は、テロや自然災害の発生を見越して、災害計画に重点を置いた。この計画を遂行する過程は、責任者としての仕事の中で最大の充実感を与えてくれる部分だと私は感じていた。

アゼルバイジャンで私が直面した課題の1つは、病原性の高いH5N1鳥インフルエンザの発生に伴う人への集団感染への対応だった。

アゼルバイジャン政府にとって私は、アメリカを代表するパートナーであり、さらにはアメリカ市民と大使館のスタッフおよびその家族の健康と安全を守らなくてはならない立場にあった。その責任を全うするために、WHOと密接に連絡を取りつつ、私たち自身に対してはタミフルの十分な供給源を確保し、定期的にアメリカ人コミュニティに向けて状況の説明を行い、それと共にアゼルバイジャン政府にはできる限り支援の手を差し伸べた。

アゼルバイジャンでは鳥インフルエンザの拡散は抑えられたが、その一方で国際社会は新型コロナウイルスの世界的流行を止められなかった。この感染症に立ち向かうには、私たち1人ひとりが警戒を怠らず、この新型コロナウイルスの巧妙さと変異性を軽視しない姿勢が求められる。

あまり知られていない国務省オペレーションズ・センター

有能な首席公使——もしくは国務省のすべての外交官——とは、優れた危機管理者でなくてはならない。実は、危機管理という領域で責任を果たすことが、外交官にとって最も重要な職務なのかもしれない。事実、危機管理については多くの訓練を受け、実地での経験も積まなければならない分野の1つとされている。

グアテマラでの飛行機事故から始まり、1995年の阪神淡路大震災、2007年にイラク北西部のシンジャルで起きたアルカイダによるヤジディ教徒への破壊的爆撃、2010年から2011年にかけて発生したオーストラリアでの大規模な洪水と山火事、さらにこれらの期間に起きたその他の多くの危機——。こうした悲しい出来事を経験し、極限の状況に放り込まれる中で、目の前で起きている危機にどのように対処すればいいのかを直接学ぶ機会に私は何度も触れてきた。

さらに、計画、準備、訓練の実施の仕方を学び、緊急時に支援を頼める連絡先を日ごろから多く確保し、実際に危機が発生したら、その場の状況に合わせて対応する術《すべ》も学んできた。外交官として習得すべきものは実にたくさんあるのだ。

同僚たちに対して特別な誇りを感じるのも、危機のときである。彼らは、エゴを見せずに経験を活かして献身的に行動し、報酬を期待せずに自らの命や健康を危険にさらすことさえも厭《いと》わない。

メインステートビル――ワシントンDCの国務省ビル――には、オペレーションズ・センターと呼ばれる特別なオフィスがある。オペレーションズ・センターは、あらゆる種類の危機や、事態が急速に変化するあらゆる出来事に対処するために設置された世界で最も優れた組織の1つだ。シフト制で運営されているため、常にスタッフが常駐し、その日に起きた問題についていつでも完全な説明を受けられる。シフト交代の際の引き継ぎもとても重要なプロセスとされる。

センターが効果的な能力を発揮できるのは、ここで下される簡潔な判断に負う面が大きい。センターの担当者たちは、テレビ、インターネット、通信社、現場や他の機関からのレポート、緊急事態の真っ只中にある場所からの通報電話など、多くの情報にアクセスできる。監視官の部屋では複数のニュースチャンネルが映され、同時に複数のインターネットサイトの監視が行われている。

国務省に入って私たちが最初に教えられることの1つは、「大惨事が起きたらすぐにオペレーションズ・センターに電話し、会話がいったん終わっても、誰かが電話を切らないように粘着テープで受話器をテーブルに固定する」という手順だった。どんなことがあっても、危機の際にはとにかく通話ラインを確保しておくことが大切なのだ。

オペレーションズ・センターには、国防総省、国際開発庁からの出向者だけでなく、緊急時などは必要に応じ、リアルタイムで重要な情報を入手できる方法を知るスタッフが他オフィスから駆けつける。また、世界中の主な要人の最新連絡先リストも保持されている。緊急事態が発生した場合、負担過重から通信が不通になり、すぐに必要な連絡先が入手できなくなる可能性があるからだ。

センターは、多くの国務省高官のオフィスの近くにある。そのため、必要となれば彼らのオフィスに直接足を運び、すぐにブリーフィングができる。事態によっては、国務長官自身を含む高官たちが非公式にこちらを訪れて、目の前の懸念事項について現状報告を求めるケースもある。

職員、中でも若手のスタッフたちがそこで働くのを好む理由の1つ（この場合、センターの敷地内に駐車スペースを与えられるという理由は除く）は、高官に会って話をする機会を得られるからだ。彼らはそれを期待し、どうにか目に留めてもらおうとチャンスをうかがっている。アドレナリンが体の中からあふれ出る感覚が好きな職員にはうってつけの場所と言っていいだろう。

オペレーションズ・センターを真に素晴らしい組織としているのは、多くの機能を備えているからでもある。センターの裏手には、パソコン、電話、コピー紙、コーヒー（やはりコーヒーは欠かせない）、その他諸々の必需品がそろったいくつもの会議室がある。

例えば、A国で大地震が発生したとしよう。この場合、被災地の復旧支援、現地のアメリカ人の安全確保のため、長期にわたる活動が必要になると予想できる。そうなれば、被災国政府やその他の国との協力体制を築かなければならない。これらを迅速に行うため、ただちに会議室内に対策本部が設置されるのだ。そうなると、30分以内には、電話番号が割り当てられ、ネット回線の開通とパソコンの接続が完了する。対策本部の稼働体制が整えば、情報を受け取りながら意思決定をしていくことができる。

私自身、いくつかの対策本部で働いた経験がある。今でも印象に残っているのは、スタッフ集めが簡単だったということだ。24時間体制の対策本部での仕事にもかかわらず、実に多くの職員が自発的に参加表明をしてくれるのだ。

対策本部の設置は、問題の大きさによって決まる。外交官であれ、それ以外の国務省職員であれ、経験が豊富になってくると、対策本部が設置されるか否かの判断はすぐにできるようになる。仮に設置が予想されれば、各自でセンターに立ち寄り、昼夜、平日、週末など、1週間の中で自分が勤務可能な時間帯を登録していくのだ。

タジキスタンでの内戦が激化した1993年、対策本部の本部長を務めたことがある。現地での状況は深刻で、一刻も早く大使館員を退避させなければならなかった。対策本部の設置が決まり、正式に人員の募集を行おうとすると、正式募集の前に登録名簿は参加希望者の名前で埋め尽くされた。

このとき、アメリカ大使はロシアの公用車に乗せてもらうことができ、無事空港にたどり着いている。想像もしていなかったアメリカの外交官との遭遇に興奮したロシア軍の兵士は、その事実を特ダネとしてロシアのメディアに売ったそうだ。

対策本部長として退避作戦を指揮しながら、私は関係各所の協力的な姿勢に感銘を受けた。特に、経験豊かなオペレーションズ・センターの職員たちの働きは、際立って素晴らしかったと言える。

あまり表に出てこないため、オペレーションズ・センターは秘密組織のように映るかもしれない。しかし実際は、開かれた組織であり、国務省およびアメリカ政府にとってその存在感は大きい。さらに言えば、アメリカにとってのみならず、世界全体にとっても、危機の時、そして通常時においても、重要な役割を果たせる組織だと私は捉《とら》えている。

一般のイメージとは異なる国務省の特徴の1つに、組織としての俊敏性がある。

世界は常に変化している。新型コロナウイルスの世界的流行が示すように、危機はいつ何時にも発生するものだ。そのような緊急時には、外交官は迅速に、場合によっては数分のうちに対応しなくてはならない。

私が、バルカン半島を管轄する部署のディレクターを務めていたときには、朝8時から緊急の問題について精査し、8時30分までには指示を出すという作業をたびたび繰り返していた。上司に情報を伝え、すぐに指示をもらうために省内の階段を駆け上る国務省職員の姿を見かけることがあるが、こうした光景は決して珍しいものではない。

組織の構造というものは、年月の経過や世界情勢が変化するのに合わせて、変貌を遂げる。最もわかりやすい例が、国務省の中国担当デスクだろう。米中間の関係が拡大化および複雑化するのに伴って重要性が高まり、その規模はどんどん大きくなっていった。その一方で、ヨーロッパ各国との2国間交渉は減り、EUを通じてやり取りする機会が増えた結果、特定の国を担当するデスクの人員は縮小され、その代わりにEU担当デスクに配属されるスタッフが増加した。

国務省は、担っている活動内容と責任の範囲とは対照的に、非常にスリムな組織形態を保っている。それだけに、部署によって人員の過多や不足が生じると、その影響はすぐにスタッフを直撃する。これを是正するために、次の人事異動期では必要に応じて適正な調整が行われる。

アゼルバイジャンで垣間見たオバマ大統領の素顔

私がバクーの駐アゼルバイジャン大使館で首席公使を務め、その後、臨時代理大使を任されていたとき、バラク・オバマ上院議員（当時）は、大統領就任に向けて重要な足がかりとなる旧ソ連訪問を行っている。このとき彼は、共和党の重鎮、リチャード・ルーガー上院議員と共に旅をしていた。防衛と旧ソ連についてのルーガー議員の見識はかねてから高く評価されており、非の打ちどころがないほどだった。

イリノイ州出身の新人上院議員のオバマだったが、すでに国内外で大きな注目を集めていた。

正直に言うと、このときの私は、オバマについてほとんど何も知らず、特別な先入観を持っていなかった。私は彼と一緒に市街を移動し、数百年前にキャラバンサライ（隊商宿）として利用されていた場所を改装したレストランに向かった。店はバクーで最もおしゃれなレストランの1つで、この日、私たちはそこで開かれたささやかな夕食会に参加したのだ。

私が彼について抱いた感想は、超自然的と言えるほど穏やかで、常に礼儀正しい人物であるというものだった。

サイレンを鳴り響かせるパトカーに先導されながら、交通量の多い通りを装甲仕様の黒いシボレー・サバーバンで走っていると、オバマは私に向かって、「こんな走り方をして交通を分断したら、地元住民に迷惑なのではないか」と尋ねた。それを聞いた私は、「外国要人の訪問時には、これが普通のことです」と答えた。

夕食時、彼はルーガー上院議員に大きな敬意を示し、ごくまれに質問する程度の会話しか交わさなかった。

私が関心を払ったのは、彼が夕食の途中で席を立ち、電話でミシェル夫人と話をしていたことだ。外遊中に妻に電話をかける政治家を見たのは、私にとってそれが初めてだった。

アゼルバイジャンでは、障がい児のための地元の施設でボランティアをしていたテキサス州出身の「クリスチャン・ワーカー」の家族とも知り合いになった。クリスチャン・ワーカーとは、キリスト教の教えに忠実に従い、地域の人々にキリスト教の良さを伝えるボランティア的な活動を日々行っている人たちのことを指す。

彼らにはすでに実子が何人かいたが、人生のほぼすべてを施設で暮らしてきたという10代になる現地の女の子を引き取り、自分たちの養子にしようとしていた。

ところが、この養子縁組のプロセスが複雑で、膨大な時間を消費していた。そのため、すべてのプロセスが完了する前にこの女の子が成人期に達し、養子縁組の対象年齢から外れてしまう恐れが生じた。そこで彼らは、アメリカ大使館に相談の連絡をしてきたのである。

事情を聞いた私は、モスクワに駐在する優秀な総領事に助けを求めた。当時はまだ、ソ連の法律がアゼルバイジャンを含む旧ソ連内の独立国家の法的基盤として機能していた時代だった。幸いなことに、この法律では、学習スピードが遅れている子どもたちの生年月日を法的に変更し、年齢を若くすることができた。

この法律をうまく利用することを思いついた私たちは、生年月日を変更することで彼女の年齢を若くし、養子縁組ができるようにしたのだ。その結果、女の子は晴れてこの家族の正式な一員になれた。創造的な解決方法を見つける計画の一端に加わることができて、このときの私はとても誇らしい気分だった。

中東の偉大な都市・モスル

2007年から2008年にかけて行われた「サージ戦略（治安維持のためのイラクへの米軍部隊の増派作戦）」の最中には、イラクのモスルで1年間ほど過ごすという経験をしている。

ユーフラテス川がたおやかに流れるイラク北部は、実に魅惑的な土地だった。砂色のモニュメントやビル、様々な民族と宗教が織りなす様子は、まるで美しいタペストリーのようでもあり、この土地に流れてきた歴史、冬の朝の冷涼な空気、どれをとっても忘れ難いものばかりだった。

残念ながら、モスルという場所は、一度も溶け込めず、なじめず、理解できなかった土地だと言っていい。

私たちは毎日のように外出していた。だが、人が集まる市場のようなところに行けば、狙撃手の標的になる可能性が高く、行動は著しく制限された。そのため、自由に行動しながら地元の人たちと接し、彼らの日常に触れることはかなわなかった。こうした状況はテロリストたちがまさに望んでいたもので、私たちは彼らの思惑に屈するほかなかったのだ。

ここで覚えておかなくてはならないのは、テロリストたちの論理の中で彼らが「勝利」と考える状況には、あらゆる犠牲を払ってでも抵抗しなければならないということだ。テロリストの「勝利」はあくまでも一時的なもので、裏を返せば、のちの「敗北」の前兆であるという点も忘れてはならない。

そもそも、テロリストたちは強い存在ではない。ただし、私たち自身の内面の弱体化を彼らに許してしまうと、状況は大きく変わる。こうなると、彼らの力は一気に優勢になる。

モスル赴任中、ほぼ毎日のように、私たちは重装甲の護送車列を組んで市街に入っていった。その際、アルファベットで「Gondola Pizza」と書かれた看板を掲げ、板塀で店を

2008年、イラク北部モスルのアメリカ軍基地でマケイン上院議員（左）を出迎える

囲んだレストランの前をいつも通り過ぎた。

（もしも私がこのレストランのオーナーと会話を交わし、彼の身の上話を聞くことができたとしたら、私はモスルのすべてを理解できるのではないか……）

看板が視界に入るたびに、いつも私はそう感じた。

モスルにはアメリカ軍の前線基地があり、私はここで地方復興チーム（PRT）のリーダーを務めていた。ここはおそらくイラクでも最も多様性の高い地域で、スンニ派イスラム教徒、シーア派イスラム教徒、クルド人、カルデア人カトリック教徒、それ以外のキリスト教徒、およびその他多くのグループが共棲《きょうせい》していた。

モスルは、首都バグダッドに次いで人口の多いニーナワー県の県都であり、何千年もの歴史を持つ都市だ。聖書にもその名は登場し、バビロンの空中庭園があった場所だと信じられている。いくつもの帝国が隆盛する時代を通じて、ここは中東の偉大な都市の1つに数えられてきた。市内にはチグリス川が流れ、街はその両岸に広がっている。

そのような歴史豊かな場所に住みながら、任務を果たせる機会を得られたことに対して、私は謙虚な気持ちにならざるをえなかった。それだけに、あとになってＩＳＩＳによるモスル破壊のニュースを見たときは、深い悲しみを覚えた。

ＰＲＴというのは、国務省によって設立された組織体で、外交官が率いるというユニークなものだ。それぞれのチームには、国務省職員、軍の制服組、国際開発庁職員、契約請負業者などが組み込まれており、主眼とするのは、民間による復興および開発プロジェクトのサポートである。

脳裏に焼き付いたモスルでの出来事

私が率いたＰＲＴには約80人のメンバーがいた。全員がモスルの外れにあったアメリカ軍のマレズ前線基地内の施設で寝食を共にし、そして働いた。

私たちには各自、トイレと水道なしのコンテナが割り当てられ、通常の洗面や食事のための施設は共同で使用した。

そこでの生活は至ってシンプルだったが、私はそのスタイルを気に入っていた。毎日、装甲車やヘリコプターに乗り、基地の外側（outside the wire）に行く。1日が終わり、夕食のために基地に戻って来ると、カフェテリア（陸軍用語では〝DFAC〟と呼ばれる）で食事を済ませる。その後、運動をしたり、基地内の埃っぽい暗闇の中を散歩したりして過ごすのだ。この生活リズムは、実に快適だった。

私が赴任する前の2004年12月、このカフェテリアを狙った自爆テロがあった。その際、22人の命が奪われ、70人以上が負傷した。それから約3年後の私の赴任時には、基地内で身の危険を感じることはなかった。とはいえ、毎日、食事に行くたびに自爆テロの犠牲者と被害者の氏名が刻まれた銘板が視界に入ってくると、自然と気持ちは引き締まった。

1年間の駐在中、私は、戦争という行為に対して人間がいかにして資源を注ぎ込んでいくのかを間近で目撃することができた。

通常のプロジェクトとなると、引き出すのがとても難しい資金が、戦争となると急にどこからか湧き出てくるのである。これは、イラク戦争に限った現象ではなく、どの戦争でも同じだろう。戦争ともなると、その他の優先事項は一掃されがちになる。

2020年、世界が新型コロナウイルス禍に襲われると、戦時と同じような状況が繰り広げられた。各国政府は先例にない規模の財源を投じ、新型コロナウイルス対策に乗り出したのだ。その傾倒ぶりは、平時では絶対に想像できないレベルに達した。極限に追い込まれたとき、人間は無限に近い能力を発揮するのだ。

しかしその一方で、誰かが「世界は危機にあり、先例のないような対策を今すぐに取らないと手遅れになる」と訴えても、政府や社会は反応を示さず、何も変わらないまま見過ごされていくという現実もある。


モスルは、私が大使館への定期報告のために訪れていたバグダッドから軍用ヘリコプターのブラックホークで数時間のところにある。バグダッドからの帰途、市内が近づいてくるにつれて、ブラックホークは高度を落として低空飛行を始める。眼下にまず広がるのは、延々と続くヤシの木のプランテーションだ。これを越えると、人口密集地が見えてくる。

ある日のこと、人口密集地の上空を飛んでいると、突如、鮮やかな青色をした何かがパッと光った。よく見ると、屋根の上のプールの水面が陽ざしに反射していたのだった。

季節は夏でとても暑く、プールで十数人のイラクの子どもたちが楽しそうに遊んでいた。その光景を見て、私はとても幸せな気分になった。そのとき、それがいいのか悪いのかは別にして、人間はどんな環境にもすぐに適応できるものなのだと思った。

バグダッドでは、何日間か足止めをされた経験が何度かある。砂嵐があまりにもひどいと、ヘリの飛行ができなくなるのだ。まさに自然の猛威である。

イラク北部で暮らす中で、私にもたらされた特権の1つは、ヤジディ教徒の人たちと知り合う機会を得たことだった。

一神教徒の彼らは、孔雀《くじゃく》天使を信仰する。その教えの柱になっているものをたどっていくと、メソポタミア文明に行き着くという。とても穏やかな人々で、ニーナワー県を歴史的な故郷としているが、ドイツやロシアなどの外国にディアスポラがある。彼らが住む地域は安全だとわかっていたため、彼らの下にはいつでも訪ねることができた。

ただし、訪ねる前に知っておいたほうがいい事柄がある。まずは、青いものを身に着けるのを避けること。それからレタスを食べないことだ。これらのタブーについて、複数の長老から異なる説明を受けたため、正確な由縁は今も不明のままだ。

2007年8月14日、私は彼らの聖地であるラリッシュにいた。

訪問を終え、私がモスルのPRTに帰ってきた直後の晩、アルカイダと思われるテロリストたちが、ニーナワー県シンジャル地区内の近接する2つのヤジディ教徒コミュニティに破壊的な攻撃を加えた。トラックを使った二度の爆発により、800人のヤジディ教徒が殺され、1500人が傷を負っている。この惨劇について、歴史上3番目に多い犠牲者を出した破壊的なテロ攻撃だという人もいる。

私は、被害者救済のための外部支援の第一陣に加わり、ヘリコプターで現地入りをした。

被害状況はかなり深刻で、未舗装の道と簡素なレンガ造りの建物ばかりの荒涼とした町に到着するずっと手前の地点から、死の匂いを感じ取れるほどだった。

現地に到着すると、混沌状態に陥っているのがすぐにわかった。何百人もの人々が押し合いながらヘリコプターに殺到してくる。人々は絶望に打ちひしがれて泣いていた。

ヤジディ教徒特有の習慣の1つに、悲しいときに踊るというものがある。悲しみを表現するために踊る女性たちの姿は、私の脳裏に永遠に焼き付いた。

差し迫った必需品の購入を支援するため、私たちは現金を持ち込んだ。その後、私は、赤新月社や国連、アメリカからのさらなる支援を含んだ国際的な支援体制を整えるための手助けに奔走した。このとき、スンニ派イスラム教徒たちのグループは、ヤジディ教徒と連帯する姿勢を見せている。

実に残念だが、のちに私たちは撤退してしまったので、もはや彼らを守ることができない。こうしたジレンマから、各国は、外国に介入する際の非常に単純かつ不変の教訓を学ぶべきだろう。介入時、自分たちが現地で頼みの綱としている人々を最後まで守る確証がない場合、もしくはそれらの人々が自衛できる条件が整わない場合は、彼らを軽々に目立たせてはいけないのだ。これが順守できなければ、元々は友人だった人たちの間に、激しい怒りを植え付けてしまう結果になりかねない。

多様な人口構成を抱えるモスルだが、その中で多数派を占めるのはスンニ派住民だった。長引く暴力と分断のため、スンニ派にとってメッカ巡礼は困難が伴うものとなっていた。多国籍軍が何度か再開の方策を試したが、いずれも成功を収められなかった。

再開を可能にするには、すべてのパズルのピースが完全に連動し、あるべき場所にぴったりと収まる必要があった。

この難問を解くのは非常に難しかった。たとえるならば、グルカの警備兵や、大気浄化法に則って消防車の安全証明書を交付するニューヨーク州の公務員、その他多くの組織から集まってきた小さな分遣隊をすべてまとめ上げ、同じ方向に進ませるような難しさだった。不可能にしか見えないその光景を思い浮かべ、途方に暮れて苦笑いしてしまったほどだ。

そんな中、武装兵士による警護付きの軍施設に住んでいるわけでもなく、ただ単にこの地に配属され、自宅から毎日通勤していたイラクの航空当局のある職員の勇気と素朴な良心に感動させられた出来事があった。

彼はある日の帰宅途中、アルカイダの工作員に近寄られ、「お前がアメリカ人と一緒に働いているのは知っている。気をつけたほうがいい」と告げられたというのだ。

これに対し、彼は「違う」と否定し、「モスルの人々がメッカ巡礼に行くことができるように助けているだけだ」と答えたそうだ。

このとき私は、メッカ巡礼のための航空便を運航するためのチームを率いており、2007年には数千人の人々がメッカに向けて出発し、無事にモスルに戻ってくるのを見届けている。

第一便の出発日の夜、私は空港ではなくマレズ前線基地内に滞在した。なぜなら、この奇跡は、自分たちの夢をかなえるためにイラク人たちが自ら問題を解決し、自分たちの力で起こしたものだと思っていたからだ。すべては当事者たちの意志の問題なのだ。

飛行機が空港から飛び立つとき、通常、都市から遠ざかる方角に機首を向け、離陸する。だが、パイロットは撃ち落とされるのを恐れたのか、思いがけず逆の方向へと飛び立った。私は、ボーイング機が頭上を低空飛行のまま方向転換をし、薄明かりの灯るモスルの街並みを上空からなぞるように飛び去っていくのを眺めながら、興奮を覚えていた。

航空局に勤めるイラク人の友人は、結局、アルカイダに付け狙われることはなかった。私の知る限り、アルカイダによるメッカ巡礼を妨害するような動きもなかった。アルカイダさえも、世論を気にするのか……。そう思える出来事だった。

マケドニア人に組み込まれたDNA

イラク駐在のあとは、本省に戻り、バルカン半島を管轄する部署のディレクターを務めた。

管轄地域であるユーゴスラビアでは、社会主義体制の指導者だったヨシップ・チトーの死去をきっかけにバルカン紛争が引き起こされていた。私の前任者は、その紛争のとてつもない複雑さ、暴力、それを取り巻く国際外交に手腕を発揮して対処しなければならなかった。こうした背景もあって、この部のディレクター職は、名高いポジションの1つだった。私がディレクターを務めたのは紛争後だったが、以前から存在したリスクと過去の影響を引きずっていた。

クロアチアとアルバニアがNATOに加わり、EU統合のプロセスは多くの国で前進した。こうした状況を受け、多くの外国人観光客がバルカン半島の美しさとそこに住む素晴らしい人々を再発見していた。

私はこの時期、マケドニア共和国に特別な愛着を抱くようになった。古代に形成され、バルカン半島で最も深いとされるオフリド湖をはじめ、新約聖書やパウロ書簡との深いつながり、ローマ時代の遺物、歴史上、最大の変革を遂げた人物の1人であり、自らの軌跡をいまだ残し続けるアレキサンダー大王の誕生地であったことなど、この国には、神秘的で美しいものがたくさん存在する。

マケドニアの人たちが持つ高い外交スキルと平和に対する願望にも感銘深いものがある。紛争によって引き裂かれた半島の真ん中にある小さな内陸国であるにもかかわらず、争いに巻き込まれることもなければ、内戦に悩まされることもなかったのだ。

外交官として、私は常に部外者が及ぼせる力の限界について謙虚な捉え方をしてきた。部外者はよく、ある国で起きている内部紛争を解決に導くためのより良い方法を知っていると思い込みがちだ。しかし、その姿勢は傲岸《ごうがん》さの表れであり、最終的にいい結果をもたらすことはほとんどない。マケドニアの指導者たちが数十年にわたり、危険水域の中をどのようにしてうまく航行してきたのかを研究したからといって、彼らが下したすべての判断が合理的だったかどうかはわからず、部外者がその判断をするのは難しい。

マケドニア人たちは、私たち部外者が「厳しい地域」と呼ぶ土地に長い間住んできただけあって、彼らのDNAには外交が染みついているのだ。私はそんな彼らから多くを学んだ。マケドニア人は、何度も複雑な状況を乗り越えながら、自らのアイデンティティを保持し続けてきたのだ。

マケドニアで見つけて手に入れたコーヒーカップに記されていたユーモラスな文言を最後に紹介しておこう。

「なにせマケドニア特有のことですから、おそらくあなたには理解できないでしょうね」

オーストラリア赴任中に発生した東日本大震災

イラク赴任のあとは、オーストラリアのキャンベラ、ジブチのアメリカ軍基地での勤務を経験した。キャンベラでは、アメリカ大使館の首席公使を務めている。

オーストラリアでは忙しい時間を過ごした。オバマ大統領が公式訪問をし、その後、ヒラリー・クリントン国務長官が数回にわたる訪問を行った。米豪両国の国防と外交のトップが参加した「2プラス2」会議に加え、著しい低木林火災や洪水もあった。特にクイーンズランド州での大規模な洪水は深刻だった。その他、アメリカ海兵隊の駐ダーウィン海兵ローテーション部隊の駐留など、多くの出来事が重なった。

キャンベラでは、低木林火災が急拡大したときのことを考え、アメリカ大使館と領事館のスタッフと家族、そしてオーストラリア国内のアメリカ人の安全確保と災害対策の準備に力を注いだ。

それより数年前のケースでは、火災は市街地域にまで達していた。火災の急拡大が起きたときのことを考えて、大使館スタッフとその家族、および現地に住むアメリカ人のための救急避難先を確保し、避難の際に適切な連絡と物資が届くよう、各エリアに住むアメリカ人にボランティアで地域責任者に就任してもらい、いざというときのための備えをした。

そしてこのころ、日本は東日本大震災に見舞われる。

2011年3月11日に起きたこの大災害が人々にもたらした悲劇と苦悩は、私が抱えるすべての問題を小さく見せてしまうほどだった。私はただただ信じられない思いで、その日を過ごした。それからすぐにワシントンDCの東アジア・太平洋局に電話をし、東北地方でのボランティア活動への参加を申し出た。

しかしながら、私の立場は在豪アメリカ大使館の首席公使であり、国務省の判断は「オーストラリアに留まるべき」というものだった。札幌で副領事を務めた経験があったため、私は東北地方をよく知っていた。それだけに、すぐに駆け付けられない状況に深い落胆を覚えた。

それから1週間後、ささやかではあるが、私は復興支援の手助けをする機会を得る。きっかけは東京のアメリカ大使館の首席公使からの電話だった。

「ジェイソン、ベクテル社がパースに保有する機材があって、福島でそれが必要なんだ。すぐにこちらに届くように、手配してくれないか?」

参加していたイベントを途中退席すると、私はすぐに作業に取り掛かった。

次の日から数日間は、睡眠時間を切り詰めながらベクテル社やその他の組織との調整に注力した。協力してくれたのは、ベクテル社をはじめ、オーストラリアの国防省、外務貿易省、アメリカ太平洋軍、在豪アメリカ大使館、オーストラリア国防軍といった組織だ。

いつものことながら、オーストラリア政府の姿勢は、非常に協力的で実用的だった。

詳細は省くが、ベクテル社が所有するこの巨大なロボット機材をオーストラリア国防軍の貨物機へ積み込むまでの数日間、私は、物流の手配と煩雑《はんざつ》な事務手続きに忙殺された。

3月21日、ベクテル社の高圧送水システムが日本に到着し、翌日にはすぐさま福島に届けられた。専門家たちは、この機材の投入によって原子炉冷却というとてつもない作業の進捗《しんちょく》が改善され、大きな成果をもたらしたと語ってくれた。私は今でも、現地でのボランティア活動に参加したかったと思うときがある。残念ながらそれはかなわなかったが、別の方法で多少の支援ができたことには満足している。

2019年には、大作となった映画『Fukushima50』の配給元であるKADOKAWAに協力し、在日アメリカ軍横田基地内での撮影許可を得るために国防総省との仲介役を引き受けた。このとき若松節朗監督からは、大使役として出演してみないかという依頼をされた。しかし、私はその申し出をお断りした。そもそも私は俳優ではない。さらに、元外交官の私が、大使という重大な役を演じるのは僭越《せんえつ》に過ぎると感じたからだった。

私が働いていたキャンベラのアメリカ大使館は、植民地時代のウィリアムズバーグスタイルで設計されており、ホワイトハウスの敷地内に設置されていても違和感がないような建造物だった。

私のオフィスの窓からは、博物館の所蔵品に引けを取らないほど立派なジョージ・ワシントンの胸像とユーカリの大木が見えた。夜になるとこのユーカリにはアナグマがやってきて、私はそれをよく目撃していた。胸像と大木の先に目をやると、オーストラリアの国会が望めた。

キャンベラの私の公邸は、丘に近い美しい住宅街が広がるムガ通りにあった。夕暮れどきに家の裏の公園を散歩していると、海岸線に敵がいないかどうかを確認する兵士のように、仲間が茂みから出てきても大丈夫かどうかを見張る〝歩哨役《ほしょう》〟のカンガルーの姿をよく目にした。歩哨役が「問題なし」との合図を送ると、数十頭のカンガルーが丘を下って移動を始め、堂々とした仕草で自分たちの居場所を見つけて陣取っていった。

キャンベラは、戦争や外交、人の忘れっぽさについて真摯《しんし》に耳を傾けられる人にとって、豊富なメッセージが詰まった場所だ。

キャンベラが首都となったのは、シドニーとメルボルンの両都市が「首都」という名誉を手放そうとしないことから生じた妥協の選択によるものだった。20世紀初頭にキャンベラが首都になることが決まると、その基本計画は国際入札によって選ばれた。

のちに、アメリカの建築家ロマルド・ジョルゴラが見事な新国会議事堂を設計するのだが、ジョルゴラが設計の際に明確にしたのは、首相が自らのオフィスの窓から外を見たときに、オーストラリア戦争記念館が視界から妨げられないようにすることだった。

私自身も以前、その場に立たせてもらったことがある。実際に立ってみると、国家の重大な決定を下す首相に与えられた権力について想像せざるを得なかった。そうした想像を促すことが、ジョルゴラの意図だったのだ。

その有能さで知られるジェフ・ブライシュ大使と私は、2011年、訪豪したオバマ大統領をキャンベラで迎えた。このとき私は、再び大統領の非常に特別な天分に触れる経験をする。

オバマ大統領の訪豪に伴って公式晩餐会《ばんさん》が催されると、地元のアボリジニ社会の代表が伝統に則って「ウェルカム・トゥー・カントリー」スピーチを行った。このスピーチは、オーストラリアに伝わる独特なものだ。

白人たちが入植してくるずっと前から、アボリジニは数多くの部族に分かれて暮らしてきた。白人入植後も、アボリジニは部族ごとにコミュニティを形成し、生活を営み続けた。そうした暮らしの中で、外部の部族を自分たちの居住地に迎え入れる際に、彼らは慣習として「ウェルカム・トゥー・カントリー」の儀礼を行い、外部の訪問者たちを歓迎してきた。それが今ではオーストラリアという国の伝統となり、国外からの要人を迎える際の公式儀礼としても行われるようになっている。

この日、スピーチを行った老齢のアボリジニ女性にとって、国家首脳が参加する公式の場でのスピーチは初めてだったようで、慣れていないせいかスピーチの時間が若干長めになりかけていた。だが、オバマ大統領はじっと席に座り、愛すべき祖母の話に聞き入るような表情を一向に崩さず、尊敬の表情を浮かべながら最後まで彼女の言葉に耳を傾け続けていた。

同じような状況で、非常に多くの政治指導者を見た私にとって、その光景は何か大切な真実を物語ってくれるものであった。真の政治家にとって、こうした態度こそが、取るべき唯一の道ではないだろうか。

オーストラリアでの日々は、快適で喜びに満ちた有意義なものだった。シドニーに行きたければ、車で3時間しかかからない。公邸の建つ傾斜した丘の上には、第二次世界大戦中にエレノア・ルーズベルトによって植えられた素晴らしいオークがあった。キャンベラでの暮らしは申し分のないものだった。だが、私はここことは違う任務を求め、別の土地へと向かう決心をする。

次に私に与えられた新たな役目。それは、ジブチにある〝アフリカの角〟統合任務部隊のレモニエ基地で外交政策顧問を務めることだった。

ジブチについての思索的分析

外交政策の基本を理解したいのならば、ジブチほど初歩を学ぶのに最適な場所はない。ジブチはアデン湾沿岸に位置する。国土の広い範囲は岩の多い砂漠に覆われ、農業には適さない。映画の撮影スタッフがジブチを訪れ、月面のシーンの撮影をしばしばしているそうだが、十分に納得できる話だ。

海を挟んでイエメンと向かい合い、ソマリア、エリトリア、エチオピアと国境を接している。私がこれまで滞在したどの国にも負けないほど暑く、それと相まって湿度も高い。常に晴れているので、日々の天候は陽射しの有無ではなく、日中の異なる時間帯における湿度を比較して測定していた。部屋を出て朝日の光の中を歩いていくと、すぐに眼鏡が曇ってしまうことも珍しくなかった。

ジブチ人は、国土の気温の高さと比例するくらい国際度も高い。ソマリ語、アファール語、アラビア語、フランス語、英語を話せる人に出会うことは珍しくなく、様々な文化の間を行き来する術を知っているかのようだった。

港があり、戦略的なロケーションに位置するジブチには、アメリカ、フランス、イタリア、日本などが拠点を置き、中国も新たにやって来ていた。ジブチは小国であるがゆえに弱小国家であり、対外関係においてミスを犯すことは許されない。そのため、すべての決定において、第一次、第二次、第三次の順で起こりうる影響を常に計算している。

ジブチは非常に困難な地域に位置する国でもある。イエメンはアデン湾の沖、ほんの数マイル先の距離にあり、ソマリアとエリトリアは隣国だ。

独立によってエリトリアの地を失ってしまったため、エチオピアはジブチを海への玄関口としている。ジブチの政治指導者たちは、周辺地帯に渦巻くすべての逆流をうまく切り抜けるため、非常に機敏な舵取りをしなくてはならない。

こうした地域のど真ん中に、アフリカ大陸で唯一となるアメリカの軍事拠点、レモニエ基地はある。

この基地を本拠地とする〝アフリカの角〟統合任務部隊は、ジブチの他に、ソマリア、ケニア、ウガンダ、ブルンジ、南スーダン、エチオピアも管轄範囲としていた。

あるとき私は、ジブチから司令官専用機C－12に搭乗して南スーダンのジュバに向かった。

ジュバ空港に近づき、飛行機が徐々に高度を下げて低空飛行に入ると、シマウマの群れがジェット機の騒音に驚いて逃げていく姿が見えた。眼下に広がる首都ジュバの街には、小さな囲い地の中に小屋が立ち並んでいた。最も印象的だったのは、神秘的な白ナイルの

ジブチのレモニエ基地にて統合任務部隊メンバーたちと記念撮影

流れを上空から眺められたことだ。これらの光景は今でもはっきり記憶に残っている。

ジュバは、古い歴史的ルーツのある都市ではない。セオドア・ルーズベルト元大統領は、20世紀初頭にスミソニアン＝ルーズベルト・アフリカ遠征で近くのゴンドコロを通過している。そののち、イギリスによる貿易基地の建設が行われた。

歴史的ルーツはあまりないのだが、ジュバは民族的、宗教的、文化的、歴史的な構造プレートが交わる地点にあり、ここでの外交は想像可能なあらゆる困難が付きまとう。

ジュバは、白ナイルのほとりのエキゾチックな都市だ。川には、暫定的に設置されたベイリー式組み立て橋しか架かっていない。埃が舞い立つ首都の近くではシマウマの群れが走り回り、アメリカ大使館前の道でさえ、未舗装のままだ。

ここを訪れたとき、1000年前の賑やかな交易所を連想させられ、アフリカ最深の中心部と北アフリカやヨーロッパ、そしてさらにはるかな土地から運ばれて来た商品が取り扱われている光景を思わず想像してしまった。

現在の南スーダンは、外部からの支援に大きく頼る状態から抜け出せていない。経済は破綻し、制度や組織の整備に向けて、目の前に続く長く不確実な道を進んで行く必要がある。この事実を理解し、不完全な社会構造を持続可能なものにするための支援ができていたら、私たちはもっと現地の人たちの役に立てたのではないかと思う。

職業外交官にとって代替不可能な役割は、鋭い観察と経験に基づき、何が可能なのか——もしくは物事を可能にするコツや技術——を相手に適切にアドバイスすることだと私は強く信じている。南スーダンについて言えば、首都に舗装道路がほとんどない国の政治的および経済的限界を明確に理解し、それをすべて受け入れた上で、何ができるのかを考えることが外交官に求められる役割なのである。


国務省の変わらぬ伝統に則り、私はジブチのアメリカ軍基地の抑制的な状況、さらにはアフリカの角での冒険と異国情緒あふれる美しさから自分を切り離すことにした。

次の赴任地は日本だった。キャロライン・ケネディ大使の下で首席公使を務めるために再び東京に舞い戻ることになったのである。

第6章　日本への帰任

実は、首席公使として日本に戻るという選択肢はあまり考えていなかった。ジブチでの任務を果たしたあと、別の国での大使ポストへの任命を打診されていたからだ。

そんな折、仲のいい友人が、東京の大使館で首席公使を務めてはどうかというアドバイスをしてくれた。あのときの彼のアドバイスには、今後もずっと感謝し続けるだろう。友人からアドバイスをもらったあと、私は国務省の主要関係者の支援を受けながら、首席公使候補者としてケネディ大使に推薦されることになるのだった。

まず初めに私がしたのは、ネット上でのケネディ大使とのリモート面接だった。この時点で私が考えていたのは、首席公使として彼女に奉仕するのはまたとない好機であり、この機会を逃すべきではないということだった。

首席公使を二度務めてきた経験から実感としてわかっていたのは、大使との相性が良くなければ使命は絶対に果たせないということだった。

リモート面接がうまくいくと、すぐに私費で東京に行くことを決め、直に面会して大使の判断を仰ぐ段取りをつけた。

民間機でジブチを発つと、エチオピアの首都アジスアベバを経由してまずは香港を目指した。そこで飛行機を乗り継ぐと、最終目的地の東京へと向かった。移動中に気が付いたのは、乗客の大半が中国人だったことだ。おそらく彼らは、エチオピアやその周辺諸国で中国政府が支援しているプロジェクトの遂行のために雇われた出稼ぎ労働者だろう。

早朝、成田空港に到着したとき、一瞬、日本語をまだ覚えているか不安になった。最後に日本を訪れたのは、東アジア・太平洋担当の特別補佐としてビル・クリントン大統領の訪日に同行した1998年11月のことだった。さらに少しさかのぼり、日本で実際に暮らしていたのは1998年6月までである。

しかし、心配する必要がないのはすぐにわかった。日本の地を再び踏みしめた途端、大好きな日本語を話せる機会を逃してはならないとばかりに、すぐに使い始めていたからだ。

都内に着いて由緒あるホテルオークラにチェックインしてからも、単に日本語を使ってみたいがために、些細《ささい》な理由を見つけてはフロントに電話をかけた（英会話の練習をためらっている日本人に私はいつも「英語を話す人に話しかけてみれば、無料の英会話レッスンが受けられる。これ以上のことはありますか？」と伝えている）。

ケネディ大使との面談を済ませると、私は半日かけてお気に入りの場所である日光東照宮に出かける計画を立てた。木々に囲まれた静穏な雰囲気と鮮やかな色彩、細やかな技巧が際立つ建造物のコントラストに私はいつも関心をそそられていた。

大使はどうやら私を受け入れてくれたようだった。感謝の気持ちを抱きながら、残された半年の任期を終えるためにジブチに戻り、ソマリアのモガディシオやエチオピアへの訪問を行った。

ジブチにいる間、私は東京での新たな任務がどのようなものになるか想像してみた。だが、誰の人生にも当てはまるように、自分がこれから何を目撃し、どんな素晴らしい出来事に遭遇するチャンスに巡り合うのかを予想するのは難しかった。

HIROSHIMA

2016年5月、晴天が広がる穏やかな日、私はアメリカ政府の大規模な一団の1人として、朝早くに広島に到着した。この一団には、私たちの大統領がこの地を訪問するにあたり、事前に現地の状況を確認するという目的が与えられていた。

昼食の時間になり、私は広島名物のお好み焼きを食べた。その際店主に、オバマ大統領が専用の大型リムジン――古く趣のある店の前の小さな路地に入れない可能性もあった――に乗ってやって来るかもしれないので、そのときは彼のためにお好み焼きを焼いてほしいと頼んだ。

次に私は、日本政府の担当者と綿密に打ち合わせをしながら、記念館を含む周辺エリアをくまなく歩き、訪問時のプロセスをダブルチェック、トリプルチェックして調整を進めていった。すべてを済ませたあと、私は一日千秋の想いで、その瞬間がやって来るのを待った。

2016年5月27日、オバマ大統領は予定通り、広島を訪問した。私は、オバマ大統領の歴史的な広島訪問と平和記念公園で執り行われた式典出席に同行し、彼の感動的な言葉を直接聞くという栄誉に浴したのである。

大統領が残した言葉で、私が最も心揺さぶられたのは次の一節だった。

だからこそ、私たちは広島を訪れ、大切に思う人々のことを思い浮かべるのです。朝一番に目に入る子どもの笑顔、食卓でそっと触れる伴侶《はんりょ》の手のやさしさ、ホッとさせてくれる親の抱擁。それらを考えるとき、同じような貴重な瞬間が71年前に、ここにもあったことに気付くでしょう。

人は生きていく中で、家族と共に小さな幸せを求め続けていく――そんなイメージが私の心に鮮やかに残された。オバマ大統領の言葉を私はこれからも忘れないだろう。

このとき私は、日本原水爆被害者団体協議会の代表委員を務める坪井直《すなお》氏、原爆投下によって亡くなったアメリカ人捕虜たちの身元確認を何十年にもわたって続けてきた森重昭氏、その他、それぞれが拝聴するに値する大切な話を抱える賓客に会うことができた。彼らと接しながら、私は人間が持つ不屈の魂の力を感じたのである。

広島の人々は、私たちを親切に迎え入れてくれた。これについても心から感謝したい。オバマ大統領と安倍首相が去った直後から、何千人もの人たちが平和記念公園にやって来て、暖かくて澄んだ日暮れ時を共に過ごしていた。彼らの前向きな精神にはとにかく感心させられるばかりだった。その光景も忘れないだろう。そして最後に、大統領自らが折り、博物館に残してきた折り鶴の美しい姿に私は思いを馳《は》せた。

同年8月9日には、私は臨時代理大使としてアメリカを代表し、長崎の平和公園で行われた原爆犠牲者慰霊平和祈念式典にも列席している。オバマ大統領が広島を歴史的に訪問した数カ月後、彼による感動的な言葉がいまだ心の中に響き渡る時期に、ここに来られて本当によかったと思う。

来賓たちの扇子を持つ手の休まる時間がないほど、激しく暑い日だった。それでも、その場に立ち込めていた平和を願う気持ち、流れる音楽、さらにそれら全体を包む雰囲気はとても素晴らしかった。

挨拶をしたほぼすべての人たちが、オバマ大統領の広島訪問と演説に言及し、核兵器の

広島の平和記念公園で行われた式典に参加するオバマ米大統領と安倍首相。２人を後方から見守る著者　写真：AP/ アフロ

ない世界に向けてすべての国と協力するという彼の決意に勇気づけられていた。

長崎は、これ以上はないと思えるほど、私を歓迎してくれた。そのためもあって、長崎県民が守り続けてきた長崎誓いの火を灯す人々の1人になれた気がした。

長崎を含む九州全域、および山口県を担当地域とする在福岡アメリカ領事館で、3年にわたって首席領事を務めた私にとって、長崎再訪は個人的にとても感慨深いものだった。私はそれまでに何度も長崎を訪れており、大好きな都市の1つになっていた。そこに住む人々はもちろんのこと、折衷が繰り返されてきた歴史、食べ物、そして深く入り組んだ港と緑の丘が織りなす恵まれた地形に魅了されていたのだ。

2015年には、長崎くんちに合わせて長崎を訪れていた。この祭りの見ものは、素晴らしい衣装と踊りだ。ヨーロッパとの玄関口、日本におけるキリスト教伝播の中心地、そして中国大陸との接点など、長崎が過去にたどってきた多様な側面が祭りという文化芸術として見事に保存されている。特に、潜伏キリシタンにまつわる歴史は、信仰対象が何であるかにかかわらず、私たちを奮い立たせ、人とは何なのかを知らしめてくれる。

福岡市内からさほど遠くない秋月（朝倉市）を訪れたこともよく覚えている。ここは、江戸時代の面影をいまだ色濃く残す魅力的な町だ。そこで私は、灯籠《とうろう》に十字架の印が巧妙に彫り込んであるのを見た。それはおそらく、信者が大きな危険を冒して刻んだものだろう。

首席領事だった1995年、長崎は原爆投下から50年という節目を迎えようとしていた。実はこのとき、アメリカ政府内の一部には式典に公式代表を送ろうという考えがあった。しかし、このときは時期尚早だった。

外交を行う上で最も困難な物事の1つは、機が熟していないにもかかわらず、変化を求めようとするあまり、リスクを顧みずに膨大かつ感情的な力を生じさせ、それを空回りさせて状況の後退というリスクを招いてしまうことだ。

同じ価値観を共有する同盟国として、真実を理解し、同じ道のりを歩むという意識があったとしても、日米の人々の記憶の中にぬぐい切れない思いが残っていれば、過去の怒りを乗り越えて心の底から和解するのは本当に難しい。

和解とパートナーシップが発する無限の力

アメリカ人にとっても、日本人にとっても、「硫黄島」という言葉は力強いイメージを呼び起こす。リンカーン記念堂や国務省の目の前を流れるポトマック川の対岸のバージニア州ロズリンには、アメリカ海兵隊の聖地である硫黄島記念碑がある。海兵隊員が硫黄島の摺鉢山《すりばちやま》で星条旗を立てる様子を描写した有名な記念碑だ。

多くのアメリカ人は、この島とそこで繰り広げられた激戦について精神的なイメージを持っていると思うが、島の地理的な孤立性と訪れにくさが重なって、自分の目でかつての激戦地を見る機会に恵まれる人は非常に少ない。

激しかった戦いが終結した記念日に、私はアメリカ大使館を代表し、この特別な場所を三度ほど訪れている。

子どものころに摺鉢山という言葉を知って育ち、のちにその山を擁する島に上陸して遠くから眺め、さらにはその山の頂上に立つ——。私にとって硫黄島上陸は、非常に心動かされる経験だった。

摺鉢山は、遠くから眺めると小さな丘にしか見えないが、いざ麓《ふもと》に立つと急で危険な登り坂が頂上まで続いているのがわかる。戦いは山だけでなく、島の大部分を占める平坦な場所でも行われた。その理由は、広範囲にわたって地下トンネルが張り巡らされていたからだ。

日本人の同行者と共に、この島で亡くなった兵士たちを追悼し、敬意を払えたことは忘れ難い思い出となった。外交官という立場だったからこそ、この島を覆う植物相の観察ができ、火山性土壌が広がる海岸を歩くこともできた。

硫黄島をこの目で見ると、傷をいやすのに時間というものがいかに大切なのかが実感としてわかってくる。善意と1人ひとりの赦《ゆる》しが神秘的な力を帯び、それを可能にするのだろう。

相手に対する親切心が長年にわたって積み重なり、今のような結果をもたらしたのは間違いない。私は、この結果に貢献してきた日米両国の多くの人たちを心から尊敬する。彼らすべてが英雄であり、中でも苦しみを乗り越えて、赦しと和解を選択した人たちは特に称えられていいだろう。

歴史を表面的に読むことによって生じる危険の1つは、過去に起きた出来事を唯一必然のものとして捉えてしまうことだ。その視点に縛られると「もしかしたら結果が大きく異なる可能性もあった」「時の後先で、物事や事象に対する評価はしばしば逆転する」という見方ができなくなる。

話が脇に逸《そ》れたと思われるかもしれないが、一例を挙げてみよう。

独立戦争（ちなみにアメリカ人は独立戦争を「アメリカ革命」と呼んでいる。ところが、ソビエトは「革命」と用語を使うのを拒否し、単に「独立戦争」と呼ぶ。また西欧諸国や日本なども「独立戦争」という名称を用いている）で、ジョージ・ワシントンとその他の革命家たちがイギリスを破ると、1783年にパリ条約を結び、和解した。

それより少し前の1777年、アメリカでは連合規約が準拠法として採り入れられている。その後、この規約が機能していないとの総意が形成される1789年まで、この規約はアメリカの憲法として扱われた。

今ある輝かしい合衆国憲法は、連合規約を巡って繰り広げられた試行錯誤の末に制定されたことを忘れるべきではない。これを忘れるのは、歴史の教訓を見逃すのに等しい。多くの素晴らしい歴史的出来事は、再三にわたる試みを経たのちに起きているのだ。

2016年、安倍晋三首相とバラク・オバマ大統領が共にパール・ハーバーへの歴史的訪問を果たしたのを見たときも、和解とパートナーシップが発する無限の力を見る思いがして感動を覚えた。

分断を生じさせ、心に傷を残すほどの出来事を経験した2カ国の間に突破口が開かれるまで、通常、どれだけの時間がかかるのだろうか？

ダートマス大学のジェニファー・リンド教授の研究によれば、和解とは自然の流れとして結実するものであり、強いられて得られるものではないという。

指導者が持つ特殊な才能とは、「その時」が来たことを認識することだ。安倍首相とオバマ大統領がアリゾナ記念館を訪問したとき、彼らは両国民と世界に自分たちがどれほど遠くまで歩んで来られたかを、そこを共に訪れることで示し、その事実をより強固なものにした。

外交におけるフラストレーションの1つは、あるステップを取ることが絶対に必要かつ正しいと知りながら、行動を起こすのがほんの少しでも早すぎると、すべてを台無しにしてしまう点だ。


私が沖縄に関連する問題に取り組んだのは、そこにアメリカ軍が駐留しているからであり、状況を進展させるためには沖縄県および日本政府と緊密に調整する必要があったからだ。外交官時代も、そして退官してからもそうだが、沖縄がどれだけ魅力的な土地であるかを、私は肌で感じて知っている。

沖縄の歴史と文化はとても深くて豊かなものだ。これをもっと多くの外国人旅行者に知ってもらえたらと思う。琉球王国の歴史、沖縄の言語、食文化、独特の自然、沖縄ならではの社会習慣など、どれも世界にアピールできる素晴らしいものばかりだ。

私と私の妻は今、沖縄の芸術と文化を国際的に広めるために貢献したいと思い、それらの推奨と支援のための活動を行っている。こうした分野において、他にはない素晴らしい特質が日本にはまだまだあり、それをもっと紹介したいと考えているところだ。日本の歴史はとても豊かで、タペストリーのように様々な要素が織り込まれている。熱心な観光客たちは、日本の物語をもっと聞きたいと思っているはずだ。

思い入れ深い特別な場所

数多くある首席公使の特権のうちの1つは、ブリヂストンの創業者である石橋正二郎によって建てられた壮大なアールデコ様式の邸宅に住めることだった。

この美しい空間を十分に活用して人々を歓待しないのはあまりにもったいないと考えた私は、政治、ビジネス、芸術、外交など、あらゆる分野の日本人や外国人のゲストを招待し、「サロン」と称して折に触れて懇談の夕べを催した。

その際、私はいつもライブの演奏会の時間を用意していた。演奏者のほとんどは、ボランティアを買って出てくれた有能な音楽家たちだった。アメリカ人のオペラ歌手が、歌劇「カルメン」の中のアリアを歌いながら、裸足《はだし》でサロンに登場するというドラマチックな演出をしてくれた夜もあった。

私は、サロンを通じて多くの素晴らしい友人と知り合い、結果として私の人生の中で最も価値のある議論のいくつかを交わす機会を得た。それらの思い出はこれからも大事にしていくつもりだ。

2017年3月上旬、東日本大震災から6年が経過する数日前には、福島、仙台、女川、石巻を訪れ、地元の指導者や住民たちと会話しながら、復興の進捗状況を確認し、震災以降、東北の人たちとアメリカ人との間に生まれた特別な絆を再確認している。

2018年2月にも東北を訪れた。全国的な寒さの中、しかも日本海側の大雪に比べると、異常とも言えるほどの穏やかな天候に恵まれた。

このときは、震災で命を落としたアメリカ人女性、テイラー・アンダーソンを記念して設置されたテイラー文庫を訪れている。そこには、数年前に私が寄贈した亡き母の書いた本が今でも展示されており、それを見て私は誇らしく思った。

再訪問をしてみて、この若いアメリカ人女性犠牲者の思い出が、生き残りながらも悲劇によって傷ついた人々の精神的な回復の火花となっていった事実が、それまでにも増して印象に残った。表現し難い力が働いているとしか思えない何かが、そこにはあった。

それ以降も、私は折に触れて何度も東北に戻って来ている。2019年12月に気仙沼を再訪した際には、俳優の渡辺謙がプロデュースするカフェ「Ｋ－ｐｏｒｔ」に立ち寄り、地元コミュニティを元気づける素晴らしい取り組みを見た。彼は筆で毎日応援のメッセージを書くと、カフェ宛にそれをファックスで送り届けている。2020年になってからは、岩手県の陸前高田と宮城県の石巻を訪問した。

コロンビア大学の名誉教授である故ドナルド・キーンと時間を過ごせたのも貴重な経験だった。第二次世界大戦後、日本の文学や文化を世界の人々に届けるために、彼ほど多くの時間を費やしたアメリカ人はいない。西洋における日本の美学への評価の多くは、キーン教授と彼の同僚による長年にわたる研究によってもたらされている。彼らの多くは、戦争中にアメリカで日本語の訓練を受けていた。

カリフォルニア大学バークレー校で最初に日本語の勉強を始めたときに購入したキーン教授の著書『日本文学選集』はすでに何度も手にしてぼろぼろだが、この本は今でも私の本棚に収まっている。本のページをめくると、ハイライトされている箇所がたくさんある。今となってはハイライトした理由はわからず、想像するしか手立てがない。

彼の著書で私がお薦めするのは、回想録『ドナルド・キーン自伝』（中公文庫）だ。『源氏物語』の訳書との出合いが彼の人生をどのように変えていったのか。そのくだりは私たちにも参考になる。

彼はニューヨークの古本屋の本の山から、その本を見つけたと記している。2巻でたったの49セント。買い得だと思ったそうだ。そして実際、そうなった。

新潟の柏崎にはブルボン吉田記念財団によって建てられたドナルド・キーン・センター柏崎がある。いつかそこを表敬訪問したいと考えている。


名古屋にある九代玉屋庄兵衛の工房は、あまり目立たないところにある。

からくりの歴史と未来に対する庄兵衛のひたむきなまでの献身だけでなく、信じられないほどの複雑さと先見性を備えた芸術が、約4世紀前にすでに発展していた事実には圧倒される。

しかも、これらすべてのエネルギーと創造性は、豪華なおもちゃ——人々が愛《め》で、感嘆するためのモノ——を生み出すことに費やされている。今日の日本でも同じような創造性の素地があり、世界が日本を強く愛する理由の1つでもある。

日本のロボット工学の起源は、精密な仕掛けが施された木製のからくり人形に求められるのだ。これらの精巧な人形は、お茶を供し、書道をし、小さな矢を撃っては裕福な好事家を喜ばせ、祭りにやってきた町民たちをびっくりさせてきた。

ところで、日米の友好関係の共通の歴史を振り返ると、試金石となるものが過去から現在に至るまで数多くある。

中でも、私は津田塾大学にまつわる話に興味を持ち、肌寒い秋のある日に、東京都小平にあるメインキャンパスを訪れている。紅葉した木々に囲まれた歴史を感じさせる魅力的な校舎は、ニューイングランドの可憐《かれん》で小さな大学のようだった。私は、この大学の歴史にアメリカとの絆が織り込まれているのを証明する貴重な収蔵品をぜひとも見てみたいと思っていた。

１８７１年、４人の少女と共に使節団の一員としてアメリカへ向けて出発したとき、津田梅（梅子）はまだ6歳だった。これらの少女たちは、アメリカでの生活に溶け込みながら、世界を支配する西洋諸国の巨大な権力の構築に西洋の女性たちがどのように貢献しているのかを体験し、その秘密を日本に持ち帰るという使命を背負っていた。

梅が日本に戻ってきたのは17歳のときだった。子どものころに日本を離れた彼女は、自らの国と日本語に改めて向き合わなければならなかった。

その後、再渡米した彼女は、女子大のブリンマー大学で勉強した。実は私の娘も、この大学のサマースクールでロシア語を勉強したことがある。この大学で学ぶ中で、梅が築いた献身的で影響力のある女性のネットワークは、女性の教育に尽くした彼女の生涯を支え続けていく。

１９００年、津田塾大学の前身である女子英学塾を開校。梅は、早くから資金調達の類まれな才能を発揮する。校舎建設や学習プログラムのためにお金が必要になると、アメリカに赴き、各地の女性グループに声を掛けて寄付を募ったのだ。

1923年に起きた関東大震災のあと、彼女はアメリカを縦横無尽に駆け回り、著名な建築家の佐藤功一によって設計された新しい本館を建設するための資金を調達している。

この本館は、キャンパスの再建に尽力した勇敢な女性、アナ・コープ・ハーツホンを顕彰してハーツホン・ホールと名付けられ、今も愛されている。

ブリンマー大学で梅と知り合っていたハーツホンは、キャンパス再建のための資金調達への協力を頼まれると、当時の基準としては驚異的な額となる約50万ドルの寄付を集めるのに成功した。

大学のキャンパスでは、初期のころに学生たちが教室で使用していた入門書や本などの魅力的な収蔵品の他、私が大学のホームページのアーカイブで目にした宝物とも言える収蔵品を見つけることができた。

梅にとって英語でのやり取りは最もしっくりくる手段であり、彼女は生涯を通じて「アメリカの母」として慕ってきたホームステイ先のアデリン・ランマン夫人と手紙で交信していた。戦争が勃発すると、それらの手紙は大学本館の屋根裏に隠されたという。それらの手紙が発見されたのは、すでに彼女が他界した1980年代だった。残された手紙の中には、彼女がこの世を去る数日前に書かれたものもあった。生涯にわたって彼女を支え、育ててくれたアメリカの家族との深い結びつきをこれらの手紙は示してくれている。

梅はとても小さく、甲板から海を望むには台の上に乗らなければならないくらいだった。才能あふれるこの女児の勇敢さは、のちに日本の女性を助けるという信念を抱き、数々の不利な条件をものともせずにそれを達成していった成人後の梅自身のよりどころとなる。この大学で過去を振り返る1日を過ごし、私は自分の気持ちにしっくりとくるものを感じ取った。この大学の存在は、まさに日米間の深い友好のルーツを代表するものであり、両国間の調和の精神、そして未来における日米協力の大きな予感を表していると思ったからだ。

屋久島もまた、日本の魅力に触れられる場所だ。今後、さらに多くの観光客が訪れるようになっても、あの原始的で素朴な雰囲気を維持してほしい。

屋久島を初めて訪れたとき、奇跡的に雨に降られなかった。めったにないことだという。縄文杉までのトレッキングを楽しみながら、地元の野菜や果物が並んだマーケットに寄り道したり、島で育った住民の人たちや、慌ただしい都会の生活を離れて移住してきた人たちと会話を交わしたりした。

このとき、私は東京の米系大企業で働く日本人女性から、彼女自身がここ屋久島で経験した奇跡について話を聞いた。結婚後、彼女と彼女の夫は何年にもわたって子どもを授かりたいと願っていたという。それでも、なかなか子どもはできなかった。ところが、屋久島に旅行に来ると、彼女はすぐに妊娠したそうだ。

屋久島は、こうした話が聞けるところでもある。映画『もののけ姫』の中に出てくる不思議な森は、宮崎駿監督が屋久杉の森に影響されて描いたというが、ここに来てみて十分納得できた。

富士登山

2016年、世界遺産に登録された富士山に初めて登った。ようやく私は、それまでこの山の頂上に立ってきた大勢の登山者の1人になれたのだ。

富士登山は、正直とてもきつかった。毎年たくさんの人が登るのだから、言われているより楽だろうと思っていた。ところが、予想していた以上に大変なので驚いた。

時に言葉は、必ずしもその場の状況を正確かつ完璧に伝えてくれない。とは言いつつも、あとになって振り返ると、そのことはしっかりと書かれていたりもするのだが……。

登山当日、頂上までの登りには6時間半かかった。想像以上に骨が折れ、手こずった。自然にできた岩の階段を延々とよじ登るのだが、登山道は容赦なく急で、何度もスイッチバック式の方向転換を強いられた。

登り下りを含めた全行程の途中で、びっくりするような岩に出くわした。それは磨き抜かれたガラスのような岩で、様々な色が組み合わさりながら光り輝いていた。何千年にもわたって地中に閉じ込められてきた力と熱が、鉱物と混ざり合って火山から一気に吐き出され、こうした彫刻が生まれたのだろう。

長く日本に住んできたが、それまでどういうわけか富士山には一度も登った経験がなかった。その理由を挙げるとすれば、登山シーズンが短いこと、夏に転任する場合が多かったこと、山を登るために行列をする群衆のイメージがあったこと、そして私自身が経験豊富な登山者ではなかったことなどがある。これだけ理由がそろえば、私でなくとも、登ろうとは思わないはずだ。ところが、ちょうどいいタイミングで機会が訪れたため、挑戦してみることにしたのである。

登山をしながら驚いたのは、年間約25万人の登山客を受け入れている山にしては、山小屋やその他の施設が禁欲的だったことだ。日本の文化的素地の中では、登山は一種の修行と捉えられているのだろう。したがって、この神聖な場所を無暗に変えようとするのは間違いの素となりうる。

山には、そこに登る人たちの意思が如実に反映される。そしてそれが、その山の表情になるのではないだろうか。富士登山をしながら、私はこの山に込められている文化的な意味を感じざるを得なかった。

富士山の山頂は、とても簡素なところだった。雨に降られ、さらに濃い霧に包まれると、閉鎖空間にいる実感がより増してくる。頂上というのはそういうもので、素晴らしいのはそこから望める景色だけなのかもしれない。

私はとにかく疲れていた。そのせいか、最初のうちは頂上を極めたという多幸感を感じなかった。私より数分遅れて山頂に到着したアメリカ人女性は、当惑した様子で「私、本当に登り切ったの？」と言っていた。その言葉を聞いた周囲の人たちは皆、微笑みながら頷《うなず》いた。こうした瞬間が多幸感なのかもしれない。

登山ルートについては事前に詳しく調べていなかったので、あとどれだけ登れば頂上なのか、わからないまま進んできた。陰鬱《いんうつ》な天候の中、歯を食いしばりながら闘志を燃やし、標識にも目をやらず、自分に自信を持たせ、励まし、とにかく登り続ける。行く手に頂上が見えたとき——もしくは見えたと思ったとき——でさえ、それが最後の登りだとは信じられない感覚があった。

山頂に小さな山小屋があったので、私はそこに入ってみた。中はとても暖かく、そこで働く若いスタッフの快活さ、頂上到達を成し遂げた登山客の満足感が混ざり合い、何とも言えない活気ある雰囲気を醸し出していた。

私の中に多幸感が広がっていったのは、ちょうどそのときだった。そこからはすべての物事がおかしかった。缶に入ったホットココアを飲んだら、熱すぎて口をやけどしたのも面白ければ、調理場から聞こえるスタッフ同士の声の掛け合いもおかしかった。このとき接客スタッフは、彼女が行き来する床が水浸しになるのを防ぐため、濡れた雨具や衣類を店内で絞らないようにお客さんにしきりに頼んでいた。それを見ているだけでも楽しくなってきてしまうほどだった。

山小屋の入り口には、染めた2本のおさげ髪を頭髪に織り込んだ元気な若者がいた。その彼が「すごく寒そうですよ。顔を触らせてください。うわ、冷たい！」と叫んだ。登山用ストックに記念スタンプを押したとき、その山小屋で働いていた2人に、ジェリービーンをかたどったアメリカ大使館のゆるキャラ「豆夢《トム》」のマスコットを見せると、それを珍しがった1人が、豆夢と一緒に写真を撮りたがった。短かったが、そんな時間を山小屋で過ごした。

疲れてはいたが、私はできるかぎりの速さで準備を整え、下山を始めた。決して厳しい地形ではないのだが、私にとっては長くてつらい道のりだった。赤い砂礫《されき》の急な下り坂は、果てしのないつづら折りがどこまでも続いた。

雨が止み、陽射しが所々に見え始めると、眼下には美しい景色が一気に開けていった。私は突然、高揚した気持ちになった。

厚い雲といくつかの湖が見え、遠くには山の峰々がそびえ立つ。湖の周りに大きな町並みが広がり、富士山のすそ野は暗褐色の火山斜面に覆われている。山麓には熱帯林のような緑の森が茂っていた。

しばらくして空が雲によって閉ざされると、再び雨模様となり、夕刻の暗闇が舞い降りてきた。

バスの待つ吉田ルートの下山口までの最後の90分のコースでは、先ほどまでとは地形が変わり、小石混じりの砂礫の道になったかと思うと階段状の道が出てきたりした。その他、水たまりや岩場もあったので、細心の注意が必要だった。

すべてが日中の出来事ならば、こうした行程は触れるにほぼ値しないものなのかもしれないが、暗い中となれば、話は変わる。

途中、ご来光に合わせて夜行登山をする人たちとすれ違った。携行ランプを頭に付けた人たちの光の列が、頂上を目指して少しずつ動いていく様子は、とても神秘的だった。その光景は美しく、登山者たちの精神を映し出しているかのようだった。

そして私の多幸感は、登山を開始した地点に戻ってきたときに最高潮に達した。そこには、店があり、タクシーが客を待ち、人々が自由にあちこちを行き交う姿があった。

第7章　政治的激震

　ドナルド・トランプが大統領選に勝利した2016年11月8日は、新たな歴史の劇的な幕開けとなった。トランプの大統領就任――これはアメリカ発の政治的な激震と言っていいだろう。

　日付を越えて9日、日本時間の水曜日の朝、東京ではケネディ大使が数百人の日本政府関係者や学識経験者、各界文化人、日米親善関係者らを大使公邸に招いていた。

　会場には、候補者のヒラリー・クリントンとドナルド・トランプの顔の形をしたクッキーが用意されている。陸軍軍楽隊が待機する中、グーグルとツイッターからは開票速報が流れ、お祭りムードが漂ってきた。

　私たちは、大統領選の年になると、このような大統領選観戦イベントを世界中で開いている。どちらかの党に肩入れするわけでなく、とにかく大統領選のプロセスを楽しむのがイベントの趣旨だ。

　2012年、オーストラリアの大使館では会場にブースを用意し、ゲストがアメリカのユニークな――外交官が「ユニーク」という言葉を好む理由は、どちらにも偏らない中立的な響きがある一方で、時に微妙なニュアンスを込められるからだ――大統領選挙制度を学べるように工夫した。さらに、バラク・オバマとミット・ロムニーの等身大模型を置き、彼らと一緒に写真を撮れるようにもした。

ウクライナにいた2000年は、「ゴールデン・ゲート」という名のアイリッシュパブで控えめな選挙観戦パーティーを開いている。アメリカメディアがまずはジョージ・ブッシュの勝利を告げ、その後、アル・ゴアに訂正し、はたまた拮抗《きっこう》状態が続いていると報じると、ゲストたちはちらほらとその場から去っていった。

そして2016年、東京のエリート集団に囲まれながら、リアルタイムで選挙結果が判明していくのを見ていた。

当日のケネディ大使のスピーチは、どちらかの候補に肩入れしていると誤解されないように配慮されており、実に感じがよかった。とはいえ、スピーチに耳を傾けていた人々が事情を察知するかのように微笑んでいる姿を見れば、ヒラリー・クリントンの勝利を密《ひそ》かに期待する大使の心の内は感じ取れただろう。

ノースカロライナ州、フロリダ州の結果が入ってくると、ゲストたちの口数は徐々に少なくなり、テレビのスクリーンに注意を向け始めた。アメリカ人のビジネスマンの1人は、画面に完全にくぎ付けになっていた。トランプとクリントンがデザインされたクッキーはすでに残っていない。

会場に来た人たちの中で、最終的にドナルド・トランプが勝つと考えていた人はほとんどいなかったようだ。ほぼすべての世論調査、そして〝情報に通じた観測者〟たちもが、ヒラリーの勝利を予測していた。だが、アメリカ大使館の職員である私たちにとって、大統領選の結果はいかなる場合においても尊重されるべきものとなる。

予定通りレセプションが終了すると、私たちはいつものようにその日の通常業務に戻っていった。会場となった壮麗な大使公邸の壁には、飾り付けられたままの赤、白、青の風船だけが残っていた。

変化に対する日本人の手際の良さ

大統領選が終わって数週間のうちに、福島県の沖合を震源とした大きな地震が起きた。これは2011年の大地震の余震であり、地質学的時間の進行の遅さを表す一例となった。さらに東京では、11月としては50年以上なかった異例の初雪が記録された。何もかもがひっくり返されているように見える時期だった。

大統領選の結果が判明した日、日経平均株価は急落したが、世界の他の国々の市況は安定するか、買い優勢となった。これを受け、自分たち以外には誰もパニックに陥っていないのに気が付いたのか、翌日の日経平均株価は反発し、状況はすぐに元通りになった。

この時期に私が取るべきステップは明らかだった。私に課せられた職務は、アメリカ人自身が選んだ大統領を支持し、より多くの成果をあげられるようにベストを尽くして助けることだ。オバマ大統領とケネディ大使に仕えるのも誇りだったが、同様にトランプ大統領に仕えるのも、私にとって誇りである。そこで私は、新しい政権との面識を築くため、すぐさまワシントンを訪問する予定を立てた。

日本政府や日本のビジネスリーダーたちは、大統領選の結果をどのように捉えたのだろうか。そうした感想は抜きにして、日本の人たちはすでに新政権での人脈づくりに精を出していた。日本人というのは根っからの〝外交官〟なのだと、私は改めて思うばかりだった。

ドナルド・トランプが就任宣誓を行い、第45代アメリカ大統領となったとき、上院はまだレックス・ティラーソンを次の国務長官として承認していなかった。そのせいもあり、新政権の外交チームとの接触はどうしても限られた。

何かと制限が多い中ではあったが、私は日本のアメリカ大使館のメンバーが新政権を歓迎できるように準備し、支援態勢だけは万全にしておいた。外交官として、そして1人のアメリカ国民として、こうした仕事に従事できることに誇りを感じた。

日本人の手際の良さは、とにかく抜きん出ている。人脈づくりをしているときほど、彼らにとって幸せなときはないかのようだ。

前政権の役目が終わり、新政権が発足して新たな政治的な枠組みが築かれていくのを察知すると、日本人はさっそく新たな人脈づくりに動き出し、手がかりとなるものがない場合は、人脈となりうる人物に近い知人に助けを求め、何としてでも目的を達成しようとしていた。

福島県の沖合で地震が発生してから数週間後、私はアメリカ通のビジネスマンの1人と偶然出くわした。彼はちょうどワシントン訪問から戻って来たばかりで、新たに決まったプロジェクトへの情熱にあふれている様子だった。

日本人のこうした気質は、私が称賛してやまないものの1つであり、ビジネスと外交の分野で日本が国際的に成功を収めている主な理由と言える。

日本人は、驚くほど多くの時間を人脈づくりに費やし、関係を強固にし、最新の情報を手に入れ、競争に負けないように目を光らせている。そのため、一般的なアメリカ人と比べると、人付き合いの輪は大きく、必然的に結婚式や葬儀への参列回数も増える。一方、アメリカ人の気質としては、プライベートと仕事の間には明確な境界線を引く傾向がある。

こうした姿勢が基本として身についているため、日本人は友人や仕事仲間と幅広く付き合い、緊密なつながりを作り上げていける。これまで海外に進出してきた日本企業も、人とのつながりを大切にするという姿勢を現地でも変えることなく行動し、成長を成し遂げてきたのだろう。

トヨタやブリヂストンなどの数多くの日本企業を見れば、このことは容易に理解できる。これらの企業は、アメリカ各地のコミュニティで愛される存在となり、自らもその一員としてコミュニティに参加している。アフリカ、東南アジアなどのあらゆる場所でも状況は同じだ。日本企業は、進出先の地域にしっかりと根付いている。

国家がそのイメージを変えていくプロセスを、私はいくつかの国で目撃してきた。日本もそれらの国の1つであるし、特にドイツについては詳しい観察を行った。

日本について言うと、着実かつ慎重に、そして熟考を重ねながら、第二次世界大戦で戦ったアジア諸国との関係を修復していき、最終的にその努力の成果を勝ち取っている。そのプロセスは、驚異そのものだ。特に東南アジアを旅行すると、日本がどれだけ素晴らしい橋梁《きょうりょう》を建設してきたかを直接目にすることができる。日本は次の世代へと引き継がれる絆を見事に築き上げてきた。

これまで出会ってきた大統領や副大統領との思い出

外交官として、私は9回にわたる大統領の移行期を経験した。そのうちの数回は、ワシントン勤務をしていたときのものだ。

それまでとは異なる政党に属する大統領がホワイトハウスの住人になることが決まると、国務省の廊下には誰にでもわかるような陰鬱な雰囲気が立ち込める。国務省で働く多くの政治任用官のほぼすべてが、1月20日を境に自らの役目が終わることを知るからである。

いかにも独特だが、これが私たちのシステムなのだ。国民に深く根差した意見を反映して実践されるものであり、長年にわたる政治的議論が生んだ産物とも言える。

共和党から民主党へ、またはそれとは逆のケースで政権が変わると、国務省からだけでも数百人が去っていく。一方、世界各国のアメリカ大使館で生じる影響は限定的であり、大使と大使が政治任用した側近の辞任という形に留まる。

ジョージ・H・W・ブッシュ（父）政権からビル・クリントン政権への移行期のことは、今でも鮮明に覚えている。ブッシュ政権は新政権側とうまく調整しながら、滞りなく政権交代を進めていた。

当時、私は中央アジアを担当する部署で働いていた。このとき私たちの部署では、任期を終える前にブッシュ大統領に署名してもらいたい大統領書簡を抱えていた。署名された書簡があれば、新政権に移行しても円滑に仕事を進められるため、どうしても署名してほしかったのだ。

大統領就任式の日、私は自分のオフィスにいた。就任式はいつも正午から始まる。その日の午後、私の手元には大統領によって署名された書簡が届いた。最後の最後になって、国家安全保障担当補佐官のブレント・スコウクロフトによってようやく承認されたのである。

真の官僚としての勤勉な態度を任期終了の瞬間まで崩さず、午前の間、オフィスで黙々と未決書類の処理をしている彼の姿が目に浮かんでくるようだった。

２０２０年８月、彼は95歳でこの世を去った。スコウクロフトは偉大な国家安全保障担当補佐官の１人としてアメリカ現代史に名を残していくだろう。

長いキャリアの中で私は複数の大統領または副大統領と直接会話を交わす機会を得た。そこでここでは、彼らと会話した際の３つのエピソードを紹介してみたい。

ワシントン勤務をしていたとき、私はオバマ政権で副大統領を務めていたジョー・バイデンにバルカン半島情勢についてブリーフィングをしたことがある。このとき彼はバルカンへの重要な訪問を控えており、ボスニア、セルビア、コソボに立ち寄る予定になっていた。

ホワイトハウス危機管理室に赴き、ブリーフィングをするうちに、私はバルカン半島についての彼の知識の深さに感心させられていく。加えて、てきぱきとしたビジネスライクなマナー、他人の意見に耳を傾ける寛大さにも好印象を抱いた。その後、訪問に旅立つと、とても複雑かつ厳しい政治環境、さらにそれぞれに特徴が大きく異なる訪問地であったにもかかわらず、バイデンはすべての旅程をつつがなくこなし、大きな成果をあげていった。一般イメージでは、彼は失言が多い人物と見られているが、直に接した経験のある私からすれば、政治的なメッセージを巧みにやり取りできる人物という印象が非常に強い。

1998年、ビル・クリントン大統領の訪日時には、東アジア・太平洋担当の特別補佐として大統領に同行している。

このとき、クリントン大統領はアメリカ大使館関係者をねぎらうために親睦イベントを開いている。世界中に点在するアメリカ大使館員やその関係者にとって、赴任地を訪れるアメリカ政府の高官との時間の共有は、非常に嬉しいものだ。

ちょうどこの時期、クリントン大統領はのちに弾劾裁判にまで至るスキャンダルの只中にあった。そのため、大統領がイベント会場に到着するまで私は会場の中を歩き回り、複雑な気持ちになりながら大統領を迎えたのだ。

ところが、彼がスピーチを始めると、参加者たちは皆、大統領の気風《きっぷ》と言葉に魅了され、どんどん引き込まれていった。結果、彼がスピーチを終えると、そこにいたすべての人たちが、大きな歓声を上げ、拍手を送ったのだ。それはまさに、どんな状況にあろうとも、人の気持ちをつかむにはどのような話をすればいいかを熟知するカリスマ政治家だけがなせる業と言えた。

私が初めてジョージ・H・W・ブッシュ副大統領（のちに大統領）に会ったのは、1980年代前半、彼がグアテマラを訪問したときだった。私は現地の大使館に赴任していた。大使館関係者がブッシュ副大統領を囲むために大使公邸に集っていたとき、私は彼からちょっとした褒め言葉をいただいた。そこで「サー、本当に、本当にありがとうございます！」とお礼を言うと、副大統領はすぐに私のほうに振り返り、「サー、これはこれはどういたしまして！」と答えてくれたのだ。彼は真の紳士だった。

1995年、日本に戻っていた私は、引退後に講演旅行をしていたブッシュの案内役を務めることになり、福岡で1日半にわたって彼と一緒に過ごした。私はこのときも、彼の丁重さと寛大さに感動している。1992年1月、大統領だったブッシュは、訪日時の首相主催の晩餐《ばんさん》会で体調を崩してしまった。彼はそのことをまだ恥じていた。あの晩、大統領の調子は良くなかったのだ。しかし、紳士たるブッシュは彼のために開かれた晩餐会に無理を押して出席したのである。

ケネディ大使を引き継いで臨時代理大使に就任

東京でのキャロライン・ケネディ大使に対する称賛は、任期満了が迫ってきてからも高まり続けた。2016年12月のホリデーシーズンに彼女が発表した動画は、大きな話題となった。彼女自身を含め、大使館と領事館のスタッフが、当時大人気だった「恋ダンス」を楽しそうに踊る姿を撮影したもので、この動画は一気に広まっていく。

国務省には、任期満了の際に大使には大使旗を贈り、配偶者には星条旗を贈るという伝統がある。無私の公共奉仕に対して国家から静かな謝意を表するのがこの儀式の意義だ。ささやかなこの儀式は、通常、ワシントンで行われる。だが、ケネディ大使と配偶者であるエドウィン・シュロスバーグ博士は、この儀式を自分たちが高く評価する東京の大使館で執り行うことを望んだ。これは大使館職員にとって非常に光栄なことだった。

２０１７年1月18日、ケネディ大使は成功のうちに大使としての任期を修了し、離任した。そしてこの日の午後5時ちょうど、私は駐日アメリカ大使館の臨時代理大使に任命された。

ケネディ大使の離任までの数カ月間は、とにかく忙しい日々だった。彼女をサポートしながら解決しなくてはならない事柄がたくさんあり、イベントへの出席や多くのインタビューにも対応する必要があった。この間、補佐役としての通常業務の範疇をはるかに超える仕事量をこなしてきたのだが、そんな日々にもついに終わりが訪れたのだ。

ケネディ大使のような人物を、まさに「リアル・パーソン」というのだと思う。常に地に足が付いていて、物事に対して実践的な人だった。

外交官としてのキャリアの多くの時間を、私は日米関係に費やしてきた。私はジャパンハンドの1人であり、かつて存在すると言われていた〝菊クラブ〟の主要メンバーであると考えられてきた。したがって、臨時代理大使としての役目を引き受けるのは、特に歴史的な時期にさしかかっていることを考慮すれば、外交官としての私の人生で頂点に達するものだった。

カリフォルニア大学バークレー校の教室で、初めて日本語を耳にした時点にさかのぼって考えてみると、想像さえもできないような着地点と言えた。

2017年4月、臨時代理大使として、副大統領に就任してから初めてのアジア歴訪を行ったマイク・ペンスのホスト役を務めた。

彼はとても保守的な政治家として知られ、前年の選挙運動では大胆なキャンペーンを効果的に展開し、注目を集めていた。

多くのベテラン議員がいる中で、彼ほどやさしくて親しみやすく、訪問実現を陰で支えてくれた人々にねぎらいの言葉をかけ、敬意を払うことを忘れない人物はいないのではないか。移動中に出会った地元住民に対しても、同様の姿勢で接していた。彼のような政治家に出会う機会は、そうそうあるものではない。

ペンス夫妻は、大使館職員たちと話ができるように、私たちが「ミート&グリート」とよく呼ぶ交流会を開いてくれ、お互いに握手をしたり、写真を一緒に撮ったりしてくれた。

ペンス副大統領（中央）来日時の記者会見に同席する著者（右）　朝日新聞社提供

このとき、4月19日が私の誕生日であることを誰かが彼にこっそり伝えたようで、ペンス夫妻はそこにいた皆を促して、バースデーソングをプレゼントしてくれるという場面もあった。まったく予想外のことだったので、これには本当に驚いた。

ペンス副大統領は実に多くの時間を私たちとの交流のために割いてくれた。そんな彼のほのぼのとした性格に接し、さらには自分たちに関心を持ってくれる姿を見て、大使館職員たちは皆、彼に好感を抱いた。

これまで私は、アメリカや赴任先の国々で、国籍を問わず数百人以上の政治家と面会し、彼らの仕事ぶりに触れ、称賛すると同時に敬意を払ってきた。政治家は効率的に人々と関わり、意思疎通をしていかなければならない。自分に対する支持、不支持にかかわらず、相手が有権者となればなおさらだ。そのため常に献身的な姿勢を求められる。

もちろん、日本にも素晴らしい政治家がいる。政界の重鎮で、自民党幹事長を務める二階俊博もその1人だ。私は、政治家という仕事への彼の献身的な姿勢に敬意を払っている。実に温かみのある人柄で、他人のために費やす時間には際限がない。人と会い、話に耳を傾けることを厭わず、助けを求める人たちに常に手を差し伸べているのだ。

仕事を通じて面識があった私は、2018年に亡くなった彼の妻をしのぶ会に出席した。彼女は、政治家の伴侶として何十年にもわたって尽くしてきた人物だった。政治家にとって家族からの支えは不可欠であり、それを長年行ってきた二階の妻にも私は敬意を払いたかった。当日の参列者は5000人にも上ったという。

安倍晋三前首相にも触れておかねばならない。

私は、前首相がどのように国際問題に対応してきたかを間近に見られる機会を得てきた。それを踏まえた上で言うと、彼は今の時代を代表する外交の真の名手の1人であったと確信している。安倍前首相は、自らに課せられた責務を意識しつつ、物事に対する根気強さや威厳のある態度を最後まで崩さずに貫いた。こうした振る舞いは、国際社会における日本の姿勢を代弁しており、外交的議論が行われる場でよりよい雰囲気を作り出した。中国、ロシア、アメリカ、そしてEUを相手にした取り組みにおいても、ずば抜けた経験を備え、

2017年、日米協会100周年式典の席で安倍首相と言葉を交わす著者　朝日新聞社提供

歴史的な状況をしっかりと理解する政治家のみがなしえる手腕をいかんなく発揮している。

また、ファーストレディを務めた安倍昭恵夫人は、前首相外遊時、公賓訪日時の際、首相の素晴らしいパートナーであっただけでなく、障がい者福祉への支援、並びに女性の社会進出の支持を絶えず献身的に自ら行っており、その姿勢は模範的なものだった。最も助けを必要としている人々に対し、彼女は真に心を込めて手を差し伸べていた。関連行事などの際には、特別な取り計らいなどを一切求めず、支援のために長い時間を費やしている彼女の姿を私は何度も見ている。

安倍政権を引き継いだ菅義偉《すがよしひで》首相についてもいい印象が残っている。

私がまだアメリカ大使館にいたころ、菅は安倍内閣の官房長官を務めていた。公人と呼ばれる人たちは世界中のいたるところにいるが、朝から晩まであれほどまでに国のために尽くす人物を私はほとんど見たことがない。

官房長官時代、菅が早朝の散歩を日課にしていることはよく知られていた。私は、公式の場で菅と面会する光栄な機会に何度も浴している。その際には彼のユーモアと気持ちの良さに触れることができ、いつも好印象を受けた。今後は、より多くの人たちが首相としての菅の温かみのある人柄について知っていくだろうと私は信じている。

有能な政治家というのは、外科医が手術室で毎回行う手順と同等の真剣さで、人との出会いを大切にしようと肝に銘じている。思うに、その献身が政治家の目を開かせ、有権者が何を望んでいるのかをより敏感に理解する能力を高めていくのではないか。私はそう思う。

そうはいってもこれを実行するのは難しく、「有権者たちの話を細心の注意を払って聞かなければならない」と頭ではわかっていても、有権者の思いから離れていってしまう政治家は多い。簡単なようだが「話を聞く」というのは難しいスキルなのだ。

ある下院議員は、有権者から次のような話を聞いたという。

「政治家たちは、グローバリズムは素晴らしいと説いてばかりだ」

「だが、彼らはいつも一方的に話すばかりで、私たちの考えを一切聞こうとはしない」

このような不満を抱いて有権者たちが、グローバリズムに批判的なトランプに票を投じたのである。

マッドドッグと呼ばれた男

ジム・マティス国防長官は、敵意をむき出しにして人をにらみつける〝マッドドッグ〟のような人物だと言われていた。しかし、彼がそのように振る舞ったことは一度たりともない。

あるとき、日本の記者が私に、「社のデスクは、このマッドドッグにまつわる記事をいつでも掲載できるように態勢を整えている」と教えてくれたことがある。

２０１７年２月、私は、国防長官に任命されたマティスを東京に迎え、就任後初の外遊の付き添い役を務めるという栄誉ある役目を任された。実際に会ってみると、マッドドッグと呼ばれたこの閣僚は学者と紳士の双方の特徴を兼ね備えたような人物で、実に理路整然としており、思慮に富んでいた。

来日したマティス国防長官をヘリポートでお迎えすると、私たちはすぐにリムジンに乗り込み、ブリーフィングをするために大使館へと向かった。

外交官という仕事の特性なのかもしれないが、私は、力を持った要人が放つエネルギー——それがポジティブかネガティブかにかかわらず——に非常に敏感だ。

マティスに関していえば、彼が発するエネルギーは、これ以上ないくらいの丁重さを感じさせるものだった。それを証明するかのように、私の話にも耳を傾け、また周囲の人に気をつかわせるような態度は一切見せなかった。2日間の訪日期間中、私は彼に同行し、アメリカで最も経験豊富な公人の1人である彼の仕事ぶりをすぐそばで眺めながら、有意義な時間を過ごした。

私は、人生の多くの時間を公職に費やしてきたが、マティスには到底及ばない。彼は、成人してからの人生をずっとアメリカのために捧げてきたのだ。

彼はまた、貪欲《どんよく》な読書家として知られていた。もしかしたら、戦略に関するいくつかの主要な書物について意見を求められるかもしれない——そう思った私は、かつてナショナル・ウォー・カレッジで勉強した内容を思い出しながら、彼の訪日を前にかなりの時間を予習に割いていた。

私の職務では、要人の訪問対応を次から次へとこなしていかなければならない。これらのほとんどは、当然ながら重大な目的をもってなされる。そして、その成果のほとんどは、表からは見えないケースが非常に多い。だが、マティスの訪日は例外の1つとなり、成果がよく見えた。世界とまでは言えなくとも、アジアのすべてがこの訪問を注意深く見守っていたからだ。

果たしてトランプ政権は日米間の安全保障の協力関係を再確認するのか、それとも好戦的なシグナルを送るのか、さらに国防長官としてマティスの考えはどうなのか――これらについて、大勢の人たちが彼の発言に関心を払っていたのだ。


2017年3月には、レックス・ティラーソン国務長官が、就任後初となるアジア歴訪を行っている。最初の訪問国は日本となった。

彼の輝かしい経歴については、以前から知っていた。長年、巨大なエネルギー企業であるエクソンモービル社の最高経営責任者を務め、国務長官に就任してからも着々とステップを踏み固めてきた人物だった。

外交官として成功を収めるには、政府高官がどのようにして重要な会談について準備を進めるのかを理解し、彼らがやりやすい方法に合わせていく能力を備えておかねばならない。

公式ブリーフィングなのか、リムジンに乗り込むまでの束の間なのか、いつかはわからないが、相手から急に意見を求められるかもしれない。その瞬間のために常に準備を万端にしておく必要がある。

ティラーソン国務長官の来日に関して言うと、彼は幅広い課題を議論するために日本にやって来ており、それらの中でも北朝鮮の脅威について重点が置かれていた。

私が、昔ながらの強権を垣間見《かいま》るのと同時に、外交（協議、意見交換、自国政府の立場の説明）の必要性を感じるのは、まさにこのような場面である。

首席公使、さらに臨時代理大使に立場が変わってからも、新政権を支える仕事に従事できたのは私にとって光栄なことだった。特に臨時代理大使となってからは、副大統領、国務長官、国防長官、商務長官、エネルギー長官、その他多くの政府高官を迎えることができた。今後、大きな変化を起こしていく新政権のメンバーたちを日本に駐在するキャリア官僚として最初に迎えられたのである。これは人生に一度しかない貴重なチャンスと言えた。

第8章　これから大きく変わるであろう日本の姿

私が初めて日本にやって来たのは20歳のときだった。それからずっと、離れてもまたいつか帰って来るという生活が続いている。ここは間違いなく私の第二の故郷であり、そのため、ややもすると客観的な視点を失いがちになる。だがそうなれば、物事をクリアに見られなくなってしまう恐れがある。その状況を避けるため、〝政治アナリスト〟のように超然として物事を客観的に見ようといつも努めている。

30年以上にわたり奉職した国務省を退任し、家族と共に日本に住むと決めたとき、同僚や友人たちの多くは驚いていた。さらに、私企業である日本MGMリゾーツの社長としてMGMリゾーツ社に移籍したのを知り、彼らの驚きはさらに大きくなった。もしかしたら、私が公から自らを完全に遮断したと想像したのかもしれない。当時はまだ、統合型リゾート（IR）導入についての話題は、彼らにとってようやくちらほらと耳にするようになったという程度のものだったのではないだろうか。

だが、日本でのこの新たな職業は、これまで私が行ってきたのと同様に、日米関係の橋渡しをするという仕事の継続だと考えている。

統合型リゾートの日本導入は、この国に膨大な経済的恩恵をもたらすと私は確信している。それが正しく行われれば、イノベーションのインキュベーターとなり、日本のビジネスや地域社会に大きなメリットを生み出してくれるだろう。さらには、新たなマーケット、特にエンターテインメントの分野と、てこ入れを必要とする地方のマーケットを創造するエンジンになるはずだ。


高付加価値の国際ツーリズムのさらなる強化を図るのも、ＩＲ導入によって可能になるものの１つと言える。メリットはこれに限らず、まだまだある。

私は、ＩＲ導入の過程において、日本政府と日本の人たちの信用を勝ち取るための仕事に関われることに誇りを感じている。そして実際に機会を与えられ、日本側のパートナーたちと共に日本自らが胸を張れるものを作り出していけることになれば、さらなる誇りを感じるだろう。

私に課された主な使命は、このプロジェクトが正しく実行されるのを確実にし、日本にとって実り多いものとすることだ。これは大きな挑戦であり、失敗は許されないと肝に銘じている。

私と日本の関係は、これからも長期にわたって続いていくだろう。この先、新たな挑戦に巡り合い、再び関わり合い方は変わるかもしれないが、「日米関係の擁護者」であり続けたいという気持ちだけは変わらずに残り続ける。

ところで私は、幼いころから国際博覧会というものに魅了されながら育ってきた。インターネットが誕生する前の時代、最新の流行、技術、アイデアを世界に知らしめる手段として、国際博覧会は最も有効的な手段の１つだったと言っていいだろう。

MGM がラスベガスに所有するベラージオに再現された高さ 10 メートルのミニチュアの大阪城の前で

1876年のフィラデルフィア万国博覧会は、アメリカ合衆国独立100年を記念して開催され、新興国アメリカの技術力と産業力を各国にアピールする絶好のショーケースとなった。またこの博覧会では、ハインツのケチャップが紹介され、人々はその味に初めて触れている。

1939年のニューヨーク万国博覧会の開会式で行われたフランクリン・ルーズベルト大統領による開催スピーチは、アメリカ・ラジオ会社（RCA）によってテレビ中継され、およそ200台のテレビに映し出された画像は1000人ほどの人々に視聴されたという。

私自身は、1964年のニューヨーク万国博覧会を見に行き、モービル社の展示に驚かされた。パビリオンの中には、自動車の運転席の実物大模型があり、そこに座って白黒画面に映し出される光景を見ていると、自分が運転しているかのような想像ができた。今思うと笑ってしまうが、その当時はそれが何とも言えず近未来的に感じられたのだ。

日本のパビリオンは、古いものと新しいものの両方を見せていた。まずは天ぷらとすき焼き。食べてみたほとんどの人にとって、初めて体験する味だったはずだ。もう1つが世界最大のタンカーのレプリカだった。さらに新幹線の実物大モデルも展示されていた。1964年のニューヨーク万国博覧会の開幕から約半年後、日本は東京オリンピックを開催している。

ハイテク時代の今、ローテクの力は危険にさらされている状況だが、インターネットがなくとも情報とアイデアは世界中を急速に移動可能であることを博覧会は見せつけてくれる。私はその力を忘れないようにしている。

1876年のフィラデルフィア万国博覧会には、1000万人の来場者が訪れている。彼らはそれぞれ、真新しいモノやアイデアに関する貴重な知識を得ると同時に、血なまぐさい南北戦争の終結後に花開くであろうアメリカの潜在的可能性に触れ、その明確な感覚をしっかりと持ち帰ったに違いない。

日本のパビリオンは、フィラデルフィアに続いて1893年に開かれたシカゴ万国博覧会でも設置された。盛況を博したこの万博の会場の真ん中に作られた静かな小島には平等院《びょうどういん》鳳凰堂《ほうおうどう》が再現され、約3000万人が訪れている。

このパビリオンは、フランク・ロイド・ライトや、カリフォルニアのパサデナに快適なバンガロー式住宅の建設を広めた建築事務所グリーン&グリーンの若手たちを含む、多くの建築家たちに大きな影響を与えた。

人類の創造性と変化を促進する上で、博覧会の果たす役割は非常に大きいと私は信じている。

そして今、大阪が2025年日本国際博覧会（大阪・関西万博）の開催を前に準備を進めている最中だ。万博への期待の高まりは私にも伝わってくる。ましてや1970年の日本万国博覧会の大成功、またそれを象徴するかのような岡本太郎の作品「太陽の塔」を身近に感じている関西地区の人たちにとって、2025年の万博開催はより特別なもののはずだ。

2025年の万博の開催は、大阪にとって世界を再び1つにするいい機会になるだろう。それは何も、実際に人々が集うという物理的なことではなく、新たな手段によって世界の皆がつながれるということを意味する。

変化してこそ見えてくる日本の将来

私が日本を訪れるようになった時期、そしてその後もずっと長い間、日本の学生たちは土曜日の午前中も学校に通っていた。社会人もほとんどが会社に行き、半日ほど仕事をする時代だった。それが今や、すべての状況が変わってしまった。物事はそんなに大きく変わるものではないと思うかもしれないが、この変化は実に著しかった。

ずいぶん昔のことだが、休みがなくて毎日働き詰めの日本人サラリーマンが、週末だけでも少しリラックスした気分になるために、ゴルフウェア姿で会社に出勤している姿を見たことがある。こういう光景はすでに過去のものであると願いたい。

アメリカのビジネス界では今、ミレニアル世代（アメリカで、2000年代初めに成人あるいは社会人になった世代）についての話題が盛んに語られる。彼らは、「親世代と同じくらい勤勉に働くだろうか」「会社に対して忠誠心を持っているだろうか」「非現実的な期待を抱いていないだろうか」と議論の的になっている。

私はこれまで、多くのアメリカ人ミレニアル世代の上司を務めてきたが、彼らの価値観と才能には何度も大きな感銘を受けてきた。

ミレニアルたちは、親の世代とは異なる方法で育てられ、異なる環境で成長してきたのだ。彼らが親の世代とは違うのは当然だろう。生まれたときからインターネットがあり、冷戦のない世界で育ってきたことを考えれば、なおさらだ。

外部の者として謙虚な気持ちで意見を述べさせてもらうと、私は日本の20代、30代にとても大きな希望を感じている。彼らもアメリカの若者と同様、親の世代とは大きく異なる。少子高齢化に代表される人口動態の変化によるプラスとマイナス両面からのインパクトを受け、物心ついてからずっと記憶にあるのは、長期にわたる経済不況に陥っている日本、もしくは大半の時期が不況であった日本というイメージを抱いている若者は珍しくない。

東北地方を訪れ、地元の高校生の話を聞いて驚いたことがある。

彼らは大学進学を目指していると話していたが、放課後の勉強に忙殺される状態からはほど遠く、学校から出された宿題をするために費やす時間は、いいか悪いかの判断は別にして、アメリカの高校生とかなり近かった。優秀な大学に合格するのが以前と比べて容易になっており、放課後に受験のために塾に通うことが重要ではなくなってきているのだ。

若い働き手の需要も非常に高い傾向にあるため、将来的には労働市場の規制緩和をする必要が出てくるだろう。そうなれば、労働力の流動性はおのずと増加する。さらには、起業家精神の盛り上がりも十分感じられる。

日本のビジネスコミュニティでは今、「既存の企業が存続できるかどうかはスタートアップ企業との効果的な関係を持てるかにかかっている」という考え方が広まっており、起業家精神が旺盛《おうせい》な現況は、ビジネスの流れにうまく一致している。

1つ付け加えると、子どもや若者が野外での活動にもっと多くの時間を費やすようになることが、さらなる変化を起こすための秘密の方程式の一部ではないだろうか。

北海道新聞の編集委員が何年も前に私に言ったコメントで、忘れられないものがある。彼が子どものころは、放課後になると友だちと野球をしたり、近所をほっつき歩いたりするのが日課だったという。そんな子供たちが成長し、現代の日本を作ったのだと彼は言った。彼のこのコメントを思い出すたびに、未来の日本の企業を率いる大物たちが、放課後に近所を駆け回りながら世界最大級の企業を経営することを夢見たり、もしくは、他の形で自らの名を残すことを夢想しながら成長していくイメージが頭に浮かんでくる。

日本の企業経営者たちに「シリコンバレー的戦略を何かお持ちですか?」と尋ね、「新しいアイデアや飛躍的な前進」についての姿勢を確かめようとすると、皮肉めいた素振りも見せずに、彼らは大抵こう答える。

「シリコンバレー的戦略は、完全に彼らのものですよ」

つまり、シリコンバレー的な素地を日本で独自に作り出すよりも、シリコンバレーに進出するか、投資したほうがいいと考えているようなのだ。だが、より多くの日本人起業家が育ってくれれば、その考え方も変わってくるだろう。

日本経済にとってのメリット、特にグローバルな金融センターとしての役割の強化、シリコンバレー的な環境の整備を考えるのであれば、長期にわたって日本に居を構え、積極的に企業活動に従事しようとする外国人に対する課税制度の一部改正が望まれるのではないだろうか。税制上、他の先進国と比較して遜色のない制度にする必要がある。

この件に関しては、政治や官僚、ビジネスの世界で指導的な立場にある人たちによって長年、議論がなされ、徐々に改善はされてきた。私はそうした真摯《しんし》な努力に敬意を示したい。しかし、まだまだ魅力的な制度になっていないと考える外国人が多数いる。この先、いっそうの制度改革がなされれば、日本における外国企業や外国人よるグローバルな企業活動はより盛んになり、ひいてはそれが日本経済の発展につながるだろう。そうした改革がなされるのを私は心から願っている。

首相経験のある人物がかつて私に語ったように、世界には100年以上存続している企業が4万社あり、そのうち2万7000社（諸説あり）が日本企業である。これは尊重されるべき数と言える。基準設定の方法にもよるが、世界最古の企業は社寺建築を行う日本の金剛組だ。

以前、日本の一族経営企業を招待してレセプションを開いたことがある。その際、多くの経営者たちから話を聞き、感銘を受けた。数十年、数百年にわたって会社を経営する家族の歴史からは、学べる事柄がたくさんある。

彼らから多くを学べるのは、日本独特とも言える慣行が実践されているからだ。例えば、その1つが創業家への婿入りである。この場合、婿入りした夫は創業家の苗字を名乗ると同時に、その家に代々引き継がれてきたものに対する責任をも担っていく。これには、実用的な側面と、それ以外の深遠な側面の両方があり、家の伝統を守り、より強固にするための手段として行われている。

こうした伝統に、高い就学率、若者たちによる自己の捉え方や仕事に対する姿勢の変化、日本ブランドが持つ強い力をすべて加えれば、日本はまだまだ成長できる。

この点について、私はとても楽観視しており、日本の未来を悲観する考えには少しも賛同しない。地方の空洞化と言うが、そんな心配をする必要もない。日本には、交通網やその他のインフラが欠けている場所など存在せず、自然の美しさや観光資源にあふれているのはむしろ地方だからだ。

多くの場合、そうしたエリアは東京や大阪、福岡、札幌などの大都市圏からそう離れていない。そうは言っても、人口流出に伴う過疎化は続くだろう。治安の良さ、公共秩序、生活水準、教育、生活の質の高さという観点で、日本は多くの利点を持つ。そのような国の大半の土地が人口減に苛《さいな》まれ、経済的な活気を失っていくとしたら、とてもではないが悲しいという一言では済まされない。

日本は、これから数年のうちに難しい決断をしなくてはならないだろう。このところ、混乱が世界のあちこちを覆いつくしている。グローバル化に反対する動きもあれば、新型コロナウイルスの世界的大流行も収束のメドが立っていない。全世界における戦略的かつ経済的秩序の再構築も行われるだろうし、技術と科学の破壊的な力の加速も起きる。これらの懸念を前に、日本のリーダーシップに対する期待値は高まる一方だ。

日本は、人の生活に関わるほぼすべての分野において、ずば抜けた成功を収めてきた。つまり、それを可能にする社会を築いてきたという実績がある。その強力な社会的慣性をもってすれば、これからも同じ道を進み、成功を収め続けていけるだろう。

ただし、いつの時代もそうなのだが、それを可能にするには先を見据えた政治的決断が不可欠となる。この場合、日本は将来に視点を据え、進もうとしている道筋が10年後、20年後、30年後の新たな世代にとって歩みやすいものなのかを見極めていく必要がある。

日本のビジネス文化は、ハチの巣のようだ。すべてのハチはいつでも巣の近くにいるので、常に関わり合っている。

私は、日本のビジネスマンたちが信頼のおける同僚やパートナー、友人たちの間で情報を効果的に交換し合っているのを見て、いつも感心する。それが大学であろうと、高校であろうと、もしくは小中学校であろうと、出身校による深いつながりがあり、それに加えて会社への帰属意識も強い。これは社会の中で非常に強力な要素となる。

日本のビジネスマンたちは、相手に直接会って話を進めたいという強い意思を常に持っている。新型コロナの影響で自粛生活を求められる中、人に会わなかったら仕事ができないと考えるビジネスマンがたくさんいたのも事実だ。彼らにとって、これまでの習慣を変えるのは難しかっただろう。

こうした特徴が、日本を東京やその他のいくつかの大都市への一極集中を後押しし、日本中に点在する美しい地方からの人口流出を加速させている。日本企業の本社の所在地が日本中に拡散していったら、それは夢のような光景になるだろう。アメリカではそれが当たり前だ。

マイクロソフトやアマゾンの本社はワシントン州にあり、ウォルマートはアーカンソー州だ。コムキャストはペンシルベニア州、バンクオブアメリカはノースカロライナ州、グーグル、アップル、その他多くの企業は、カリフォルニア州に本社を置く。３Ｍとターゲットはミネソタ州、ボーイングとマクドナルドはイリノイ州、エクソンモービルやデルはテキサス州と、いくらでも例を挙げられる。アメリカ最大の都市で経済の中心地であるニューヨーク市からはいずれも遠く離れているが、これらの会社が困っているという話を聞いたことはない。

現在、日本のあちこちで魅力的で刺激的なプロジェクトや実験が行われている。例えば、トヨタが発表した実験都市「Woven City（ウーブン・シティ）」の開発プロジェクト（静岡県裾野市）、大阪の夢洲《ゆめしま》・咲洲《さきしま》地区、さらなる広域エリアの開発、新たに計画されている「スーパーシティ」構想、すでに進行している世界的観光地としての沖縄の開発と盛りだくさんだ。また、ＮＥＣによる最先端技術の実証テストは日本で最も美しい地域の１つである南紀白浜で行われており、今後ますます観光客の訪問を容易にしていくに違いない。日本の新幹線網は引き続き社会に貢献していくだろう。国内の大都市と地方を結ぶその驚くべきネットワークは、人口の超過密地からの移住を促す架け橋となるはずだ。これが起きれば、地方の活性化と生活の質の向上にプラスの影響が生じてくる。

日本には人々の心を晴れやかにするような明るくて大きな可能性がまだまだ潜んでいるのだ。

第9章　ホーム・スウィート・ホーム

私を心から安心させてくれる音がある。それは、アメリカのどこにでもある郊外の住宅街の庭から土曜日の朝に聞こえてくる芝刈り機の音だ。私はこの音を週末のたびに耳にしながら成長した。土曜の朝、なかなか起きられずにいると、どこからともなく耳慣れたモーターの音が聞こえてくる。少年のころに刻まれたこのイメージが、私の中でアメリカという国と重なって見える。私と同じ感覚を持つアメリカ人は、数百万人単位で存在するだろう。平和の響き、そのものだった。

ごくまれだが、今でもあの音を耳にする機会があると、世界はすべて正しくあり、安全で、秩序立っているという平穏な気持ちに駆られていく。

私の家族はニューヨーク市の郊外に住んでいた。ベッドルームの窓の外には、私たちが掲揚した星条旗がたなびいていた。

私の父は、星条旗の取り扱い方にとても厳しい人で、旗を地面に触れさせてはいけないと常に言っていた。そんな父だったので、雨の日ともなれば絶対に星条旗を掲げなかった。

父は、思いやりのこもった心の持ち主だった。第二次世界大戦の末期にアメリカ海軍に入隊し、国に奉仕した経験がありながら、ベトナム戦争には反対していた。父は、伝統的で保守的な価値観を持つ人だった。

こうしたことから、星条旗に対する彼の態度は、イデオロギーに基づくものではなく、純粋な愛国心の表れであると私はいつも理解していた。

アメリカ人の心の中に残る「アメリカ」

私が育った1960年代と1970年代、アメリカは世界の頂点に君臨していた。歴史を真に理解することで、人は啓発を受けられると私は信じている。

外交官として仕えてきたアメリカという国を思うとき、私はサイモンとガーファンクルが1968年に発表したバラード曲「アメリカ」のイメージをよく考える。

皆、アメリカを探しに来たんだ――。

彼らはそう歌う。この曲は、ポール・サイモンと当時のガールフレンドだったキャシーがアメリカ中をヒッチハイクしたり、長距離バスのグレイハウンドに乗りながら、彼らの生き方を探っていたころの甘酸っぱい話をベースに作られた。

一方で、この曲が発表された1968年、アメリカは冷戦の最中にあった。ベトナム戦争が激化していた時期でもある。同年には、多くの人たちに愛されていたマーチン・ルーサー・キング・ジュニア牧師とロバート・F・ケネディ上院議員という2人のリーダーが暗殺されるという事件も起きている。

アメリカという国が時折見せるこのコントラストこそが、楽観的で気取らないアメリカ人の心を捉え続けるのだ。国が混乱の真っ只中にあるとき、1人のミュージシャンがアメリカについてこのような曲を作れる。このことが私を常に勇気づけ、安心させてくれる。私が将来、死んだとき、葬儀の席ではこの曲を流してほしい。この曲は、アメリカに仕えた私の年月を代弁している。曲を聞きながら、私はこの「アメリカ」に奉職してきたのだと知ってもらえたらと思う。

私たちに必要なのは、記憶に残すことのでき、安心をもたらしてくれる支えだ。それは実体としては存在せず、子どものころの記憶の中にだけ存在するものになるケースも多いのかもしれない。だが、それでもいい。

実は、こうした考え方は、国家に対する考え方にも当てはめられる。国の独自性とは、歴史の中の束の間の時間や、その国の自己イメージ（実際には時の経過とともに劇的に変わってしまっているのだが）、もしくは、まだ実現されていない国家的切望に結び付いて作られているケースがよくあるからだ。これらはすべて、その国の人々の心の中に刻まれている記憶とも言える。

第9章
ホーム・スウィート・ホーム

少年時代の著者

個人的な話をすると、私の幼いころの記憶は、メイン州のロングレイクという美しい湖のほとりに両親が建てた別荘と深く結び付いている。長年の国務省勤務の最中には、引退したらこんなところに住みたいと何度も想像したほど、牧歌的で美しい場所だった。しかし、私たちがこの場所を所有したのは、父が突然亡くなり、売却を余儀なくされるまでの、ほんの数年の間だけだった。だが、人の心には愛《いと》おしい記憶は深く刻まれるようで、ここでの思い出は私の中から消えずに今もずっと残り続けている。

人の心のこうした動きを探る作業は、国家やそこに住む人々を正しく理解する際に参考になる。ある特定の国やその国の人たちのことを知ろうと思えば、その国や国民にとっての〝ロングレイク〟が何かを探り、それがどれだけの重要性を持って彼らの考え方に影響しているのかを分析しなければならない。

実際に分析を進めていくと、事実よりも社会的通念や神話的な要素のほうが、彼らにとってより大きな意味を持っていることがしばしばわかったりする。

アメリカは、かつてのように、相手に畏敬の念を抱かせるような力をすでに持ち合わせていない。歴史には、現在アメリカが直面している課題にどう対処したのかはまだ書かれておらず、今後、どうなっていくのかは誰にもわからない。

ただし、これまでの歩みを見れば、世界経済の3分の1以上を占める大国になり、その軍事力は計り知れないほど大きなものに成長したのがわかる。西ドイツ1国だけに、30万人以上の兵士を駐留させていたこともある。東南アジアでの戦争では、間断なく派兵を行い、50万人の兵士の駐留を維持し続けた。今となっては多くは閉鎖されたが、日本の各地、そして世界の各地に軍事基地を置いている。膨大な国力を日々刻々と注ぎ込み、共産主義の脅威に対峙してきたのだ。

私たちはあらゆる面において精強で、世界に感銘を与えうる存在だった。例えば、世界のどの国よりも多くのノーベル賞の受賞者を輩出しているのはアメリカであり、月面に人類を立たせたのもアメリカだ。世界を魅了するハリウッド映画を作り、アメリカ企業の製品は世界中で販売されている。それだけでなく、科学的な新発見を常に追求し、病気の治療法の開発に日々取り組んでいるのもアメリカだ。

芝刈り機のあの音は、実力と自信に満ち、守られているという安心感を私に抱かせてくれた、あの日常生活がまだ残っていた時代のアメリカを代表するものだった。

あの音はまた、自分たちアメリカ人が最初に発見した完璧な生活スタイルを象徴するもので、その他の国々が十分に豊かになったときにこぞって求めるものだろうと信じていたのだ。アメリカを包むこのイメージは、誰にとってもわかりやすく、アメリカ人である私たちのDNAに組み込まれている。そしてそのイメージは、アメリカ人の心に今も鮮明に残っている。

子どものころ、ニューヨーク州ロングアイランドのオイスターベイの映画館に行き、クリフ・ロバートソンが若きジョン・F・ケネディを演じた『魚雷艇109』を観て、圧倒されたことがある。若くて、カリスマ性があり、頭が良く、戦闘にも耐えた経験のあるリーダーがアメリカを率いている。まさに「アメリカの栄光、ここにあり！」という感じだった。

これらのイメージは、当時の私の心に焼き付いた。多くのアメリカ人にとっても同じだったろう。こうした国家意識が、半世紀以上にわたって世界の政治を動かしてきたのであり、それを覚えておくのは大切だ。

それを可能にした理由の一部は、ベストを目指して世界中からアメリカにやって来た数百万、数千万という人たちが、他者から貪欲に学び続け、成功を手に入れた際には感謝をし、各自が恩に報いようとしたからだ。

これまで赴任した数々の場所で、私は数えきれないほどの人たちからこれを裏付ける話を聞いた。ある日本人の外科医は、若いころにテネシー州のナッシュビルで研修医を経験し、そのときに受けたサポートが忘れられず、今でも感謝していると話してくれた。当時のことを常に思い出し、少しでも多くの恩返しをアメリカ人にしようと考えていると彼は語っていた。

アメリカで高等教育を受けられたのは、彼にとって貴重な機会だったはずだ。こうした経験が、恩恵を受けた人たちの人生を形づくっていく。

多くの場合、これらのサポートは、アメリカ政府、もしくはフォードやロックフェラーのような有名な財団によって提供されてきた。人は、こうした恩を容易《たやす》く忘れるものではない。

しかし、私たちが目を向けなくてはならないのは、世界は変化し、権力の軸が移行しているという事実だ。アメリカ人はかつてのように、自分たちが中心的な存在であると考えられなくなっている。

冷戦終結後、外国の人たちにとってアメリカは模範のように映った。当時なら、それが当然だった。だが将来、他の国が独自の模範を示し、より良い機会を提供すれば、人々の流れはそちらに向かい、そこで学び、チャンスをつかもうとするはずだ。

世界中の人々が集まってできた人種のるつぼに住み、相対的に言えば、しっかりとうまく暮らしているアメリカ人が、世界から切り離され、世界の文化的規範から遠ざかり、特異性を強めている。しかも、そんな状況でありながら、依然として世界秩序を構築し、その秩序を保つ義務を感じ、血と財産を費やす準備をいつでも整えているのだ。これはもう、究極の皮肉としか言いようがない。ただし、覚えておきたい点がある。こうした無私の義務を果たすことに意義を感じる同胞のアメリカ人が今も実にたくさんいるのだ。その事実に私はとてつもない誇りを感じる。そんな気持ちにさせてくれるのが、アメリカという国の文化であり、無限とも言える強さの源なのだ。

これらはすべて、私が国務省で働いていたときに実際に目にし、自分自身も外交官として実践し、そして実感してきたもので、アメリカの歴史的な一時代と、激動が予想される未来をうまく表しているように思う。

世界のアウトライヤーであるアメリカ

私にとってのアメリカは、今もそしてこれからも、単純でありながら賢いヤンキーの姿を歌った「ヤンキードゥードル（Yankee Doodle）」という曲によって擬人化され続けるだろう。生意気であることのほかに、生き残るための術を持たない田舎の少年が、自らが選んだ土地に残ると決め、自らで物事を決めながら、自分の手で人生を切り開いていくという厳しい選択をしていくイメージである。

アメリカは、ゴリアテのように巨大になり、そしてゴリアテよりも強くなった。ギリシャ神話の神アトラスでさえ、すでに勝てない。それでもアメリカ人のほとんどが、いまだにヤンキードゥードルの心意気を宿している。私たちの将来は、自信に満ち、誠実で気取らず、独立自尊で不要な争いに関わらないヤンキードゥードルの純粋さをうまく取り込めれば明るいものとなると私は信じている。

ヤンキードゥードルは、アメリカ人の原型の1つのタイプでもある清教徒と入植者たちのイメージにもうまく当てはまる。将来に向けて大志を抱きながら、質素に生活し、真面目に働く一方で、虚飾には一切の関心を示さず、世界が自分たちに干渉しなければ、自分たちも世界を変えようと考えず、無関心のままでいる姿勢だ。

外交では、普遍性の問題が中心的な課題となりうる。私たちすべての人類は、努力をし、悩み、愛する。私たちは、創造し、破壊する能力を有し、そしてまた、自分と家族のために安全で幸せな生活を希求する。

だが、そうした共通性を広く共有することはできるのだろうか？　外交という手段を用いながら、どのようにして、ある国の特定的な価値観を他国において奨励し、それを浸透させていくことができるのだろうか？

アメリカ政府は世界のすべての国についての人権報告を行っているが、その内容を読むと、私たちが自分たちの価値観をどのように捉えているのかがよくわかる。

アメリカ人は、すべての人種、宗教、民族から構成されているが、これほど多様でありながら、平均的なアメリカ人は外国旅行をした経験がなく、外国語ができないことを皮肉られたりもする。それでもなお、自分たちの価値観は普遍的であり、世界は遅かれ早かれ自分たちに追いつくと信じて疑わない。

多くのアメリカ人はまた、アメリカの価値観を遠くはるかな土地にまで広めることが、国家の安全のために不可欠だと信じている。その延長として、「人は誰もが基本的に同じである」と考える傾向があるのも、人としてアメリカ人が持つ魅力の1つだ。

だが、私としてはもう少し現実的に考えたい。

これらのアメリカの価値観を、実際にどこか特定の国でうまく浸透させることはできるだろうか？　これらの価値観の広まりは、私たちの中核的な安全保障上のプラス要素を高めるのだろうか？　逆に状況を悪化させたりする可能性はないのか？

外交というのは、精密機器を使って行われる技巧のようなものであり、鈍い道具を片手に実行される作業とは一線を画さなくてはならない。

私はきっと、標準的な外交の歴史に対する大多数の意見とは異なる逆説的な見解をここで提示している。しかし、ウッドロー・ウィルソン大統領の外交的価値観が世界史に与えた影響が肯定的なものではなかったことを考えれば、わかってもらえるかもしれない。

ウィルソン大統領個人の価値観は、決して革新主義的ではなかった。疑わしい人物が、革新的な価値観を売り込もうとする際には、常に用心が必要であることを忘れてはいけない。

ウィルソン大統領は、アメリカの外交政策を国家安全保障のために必須《ひっす》のものとして捉え、その価値観を普遍的なものとして世界に押し付けようとした。しかしそのやり方は、私の考えでは、正しくない。アメリカという国の本質は、新たな価値観を常に創造し、他に干渉せず、独自の道をゆくのを恐れない〝異端者（アウトライヤー）〟なのだ。アメリカ人はそれを決して忘れてはいけない。

かつてイギリスは世界各地で統治を行ったが、政治的な側面を考えて、世界中どこであろうと被植民地側の価値観を温存し、現地にうまく適合するような手段を取り入れていった。

国家は決して無機質なものではなく、性格、気質、記憶、親友、癖、恋愛関係など、あらゆる要素が詰まり、できあがっている。外交を司る者は、これを理解しなければならない。

私の愛する国、アメリカについてさらに考えてみたい。

南北戦争終結からの台頭ぶりは、劇的であり、目覚ましいものだった。アメリカの真の潜在力は日増しに膨れ上がり、政府がいくら頑張ってもその力を継承するための準備が追い付かないほどだった。気が付けば、戦争から立ち直ったあとのアメリカの権力は、国際社会が認識していたスケールをはるかに凌《しの》ぐ大きさに成長していたのだ。

強大になりすぎた力を制御するのに多くの大統領が苦心したが、セオドア・ルーズベルト大統領のような例外もあった。この天才的な政治家は、アメリカがどういうものであるかをしっかりと理解していた。その卓越した見識は、今でも私たちを驚かせるものだ。

個人では歴史の流れを変えられないと考えている人は、セオドア・ルーズベルト大統領をぜひ見てほしい。セオドア・ルーズベルトは、組織を作るのに長けていた。森林局を設立し、2億3000万エーカーという広さの土地を保全した。その土地のほとんどは、のちに国立公園となっていく。さらに純正食品薬事法を制定し、ナショナル・ウォー・カレッジの前身となるルーズベルトホールの礎石を据えている。これらは多数ある例の中のいくつかに過ぎない。

第二次世界大戦が終わったとき、アメリカには、最新の武器を与えられ、補給を受けた1200万の武装兵士がいた。戦勝国の特権を得たアメリカは、世界中に軍事基地を持つようにもなる。アメリカ一国の経済規模は、全世界の半分を占めるほどだった。こうした「強いアメリカ」のイメージは、戦後の50年間、そして今に至っても人々の頭に焼き付いている。100年先まで目を向けて、賢明で遠くを見据えた選択をしていくために、こうしたイメージは早めに払拭《ふっしょく》すべきだが、現実はそれがうまくできないでいる。

私たちは、以前のように地球の上にまたがっていた単独の巨人とは違う。世界では、厳しい競争が再び始まっている。

ソビエト連邦は結局、経済的に立ち行かなくなり、崩壊した。冷戦時代、成功へとつながる道は、アメリカを模範としてそれを追い求めることだった。世界の人々は、アメリカの先進性を追いかけていた。しかし今は、アメリカが桁外《けたはず》れの強い力を持っていた時代とは違い、状況は大きく様変わりしている。追いかけるなら、アメリカ以外にも模範はあり、そちらのほうが優れているケースも珍しくない。アメリカに従わないからと言って、制裁を加えられる時代ではなくなった。

状況が様変わりしたのは、単に防衛面についてだけではない。科学、ビジネス、教育など、すべての分野で変化が見られる。アメリカは今後、これらの分野において今以上に力を注ぎ、優位性を見せていかなければならないだろう。

アメリカはまだ他の競争者よりも大きい。そして今後も成長したいと考えている。輝かしい過去の記憶があるためか、すべてのレースにこれからも勝てると思っている。

だが、ここで再び気持ちを入れ替えて、1つひとつのレースに勝つために着実に準備を整える必要がある。過去はもう忘れるべきだ。それができるなら、ひとまず今世紀の間は最強の競争者として世界に君臨できるだろう。

第10章　教訓

外交官としてのキャリアを振り返りながら考えるにつけ、外交問題で結果を出すには、「意志」ほど決定力を持つものはないとつくづく思う。

これについては、いくら強調してもしすぎることはない。意志は万能ではないかもしれないが、それにかなり近いものだ。人々が何かを欲するとき、意志が明確なら、解決策は必ず見つけられる。

反対に、結果にさほどこだわらず、それを得るためにとことん戦う意志が人々になければ、どれほどその結果が大きな見返りを与えてくれるとわかっていても、いい結果は絶対に出てこない。こちらの提案に相手が反対しているような状況だったら、なおさら結果は期待できず、あとは運を天に任せるのみだ。

世界で垣間見られる〝農夫ジョン症候群〟

これまで歴史は、私たちに厳しい教訓を与えてきた。ベトナム戦争が1つの例だ。シリアでの長期にわたる血まみれの争いも、また1つ。

バシャール・アサド大統領とアサド政権に固い忠誠を誓う支持者たちは、根強い反対勢力が存在しても、相変わらず権力の座に君臨している。これもアサド陣営側の意志が非常に強く、それが機能している証拠だろう。

ウクライナやその他の国々で、〝農夫ジョン症候群〟をたびたび見てきた。〝農夫ジョン症候群〟というのは、私が名付けた特定の現象で、政治的な思想を持たず、1人で畑を耕す以上のことを望まず、孤独に生きる禁欲的な農夫のような状態を指す。

この農夫ジョンは通常、誰が権力の座に就こうが、その座から降りようが、特に関心を示さない。絶対主義的な統治者がいる場合、農夫ジョンのように生きるのは理想的のように映る。

問題が起きるのは、統治者が農夫ジョンたちのテリトリーに足を踏み入れてしまったときだ。そうなった途端、農夫ジョンたちは自らの生活の中で身に付けた禁欲性と頑固さを最大に発揮し、抵抗することになる。彼らは、特定の政治的な党派に所属しておらず、それゆえに簡単には妥協せず、徹底的に戦う。これも意志の純粋な表れ方の1つである。独裁者たちが最も恐れるのは、こうした人たちだ。それを私は、まだソビエトが存在していた時代に学んだ。当時、共産党政府は、生活の中のいかなる場面においても腐敗していない人々を最も恐れていたため、何らかのルール違反を犯さないことには生活必需品は一切入手できないというシステムを構築するほどだった。

私は、こうした態度で自分たちの生活の原則を頑《かたく》なに守ろうとし、窮乏と抑圧に苦しんできた人々に畏怖の念を覚える。

ジブチにも、別の形の意志があった。ジブチは私が大好きな国の1つであり、学ぶべき教訓も多かった。

アフリカの角と呼ばれるこの地域では、被子植物のカートという灌木《かんぼく》が育つ。この植物にはアルカロイドの一種のカチノンが含まれ、服用するとアンフェタミンを摂取したときのような興奮状態をもたらす。ジブチでは、男性の大多数、女性の過半数が、このカートを毎日嚙《か》んでいた。

午後になると、男たちがこれといった理由もないのに多幸感に浸り、街路をぶらぶらとさまよう姿をよく見かけた。カートを摂取しているのは一目瞭然《りょうぜん》だった。茶色い歯も、カート常習者の印である。効き目をより高めるため、人々はコーラと一緒にカートを嚙む。

これを毎日繰り返すため、歯が茶色になるのだ。

毎日、ジャンボ機がジブチに着陸すると、新鮮なカートの葉が荷下ろしされ、国中のカート販売店に行き渡るように効率よく配送されていく。より良い効果を得る条件は、何といってもカートの新鮮さなので、時間のロスは許されない。販売店に配達されると、高温と日光からカートを守るため、黄麻布で覆って大切に保管される。まさに効率化のお手本のような仕事の早さであった。

一方で、この国では多くのサービスがうまく機能していない。外国の支援による開発プロジェクトは、計画が予定どおりに進まない状況に時折直面する。情け容赦のない高温が人々から活力を奪うため、午睡はどうしても欠かせないものとなる。

ここでも意志という教訓が働いていた。人が何かを欲するとき、必ずそれを得るための方法を見つけ出す。だが、特に何も欲していない場合は、仮に航空開発プロジェクトのような見返りをぶら下げても、人々を動かすことはできない。

現地の人々の労働倫理やモチベーションについて勝手な思い込みをしてはいけないということも覚えておいたほうがいいだろう。よそ者がいくら自分たちのやり方を振りかざして騒ぎ立てたところで、現地の人たちは自分たちが望むように動いてはくれないのだ。

イラクのモスルでも同じような経験をした。ちょうど私が、モスルを県都とするニーナワー県で地域復興チームリーダーを務めていたときのことだった。ニーナワー県は暴力によって破壊されつくしていたが、住民たちの士気は高く、復興を望んでいた。明確な意志を示した彼らは、実際に復興を実現させている。

私が支援に携わったプロジェクトの1つに、簡素だが、とても重要なものがあった。非常時即応準備に関わるプロジェクトで、モスルダムが決壊し、市街が洪水に巻き込まれそうなときに、モスル市民に警報を流し、安全な場所へのスムーズな避難を可能とするためのものだった。

メッカ巡礼のための空路再開を熱意によって実現させたときと同様に、実存する危機を目の前にして政治的な駆け引きはすべて消え失せた。そんなことよりも、リスクを軽減するために現実的な手段を選ぶしかなかったのだ。

私は、自分がアメリカ民話に出てくる主人公のリップ・ヴァン・ウィンクル（アメリカ版浦島太郎）なのではないかと想像することがある。1980年あたりでどういうわけか深い眠りに入り込み、起きたら2010年だったという感覚に陥るのだ。目を覚ましたリップ・ヴァン・ウィンクルは、自分が外交官となり、外交の世界に身を置いていることに気づくのである。

アルバニア軍が外周防衛を担当するアメリカ軍前線基地のあるモスルで、地域復興チームリーダーを務めたかと思えば、また別の時期には、バルカン半島を担当するセクションを率い、アメリカの協力を得たアルバニアがNATO（北大西洋条約機構）加盟を果たす場面に立ち会ったりもする……。

私が外交官になりたてのころ、キルギスタンは、おそらくソビエト連邦内で中央から最も遠く離れた構成共和国だった。このキルギスタンがキルギス共和国として独立すると、アフガニスタンでの作戦を支援するアメリカ軍基地の国内受け入れに同意するという出来事が起きている。

台湾は、自分たちを国家として承認する国が世界中で一握りしかないにもかかわらず、今では信じられないほどの活気を誇り、見事に民主主義を根付かせた。ビジネスの分野でも、世界的な競争力をすっかり身に付けている。

韓国はどうだろうか。１９８０年、民主化はまだなされておらず、経済がようやく立ち上がってくるのが見え始めたころだった。それが今では、世界経済の中で存在感をアピールし、自由な民主主義社会を確立している。

オーストラリアでの駐在時に、大使を務めていたジェフ・ブライシュが私に言ったことがある。

「人は変われる。だが、その機会は少ない」

同じことが国家にも言える。稀であるが、もしそうした機会が人や国家に訪れたときは、私たちはその可能性に目を見張らせるべきだ。

意志の力の悲しい例は、英語で「Troubles」と呼ばれる北アイルランド問題である。この問題は、慣例上、1960年代後半から始まり、1998年に聖金曜日協定（ベルファスト合意）が結ばれるまで続いたとされる。暴力的な民族ナショナリズムによって引き起こされた闘争は、イギリスの一部である北アイルランドで30年にもわたって繰り広げられた。

私にとってこのケースは、「意志」についてのレッスンとなっている。イギリスは、世界の中で最も洗練された軍隊と情報組織、司法機関を擁している国の1つである。にもかかわらず、平和を実現するために30年という長い時間を費やしているのだ。しかも、争いが起きていたのは島嶼《とうしょ》であり、人の行き来を制限する国境管理は簡単だったはずなのに。イギリスでさえできなかったのだ。脆弱な政府組織や行政機関しかなく、国境管理も緩い国で、堅強な意志によって突き動かされた人々が政府や敵対者を相手に対決姿勢を強めていくような状況がどれほど簡単に発生し得るかは、想像に難くないと思う。

イラク北部に駐在していたとき、私は時折、荒涼としたシリアとの国境を訪れた。あの光景を見れば、テロリストの侵入を防ぐのがいかに困難かはすぐにわかる。

アメリカではこれまで北大西洋条約機構（NATO）は、優れた組織と考えられ、多くの人がこの組織が維持されることを望んできた。ところが今、その価値観は揺らいでいる。現状に胡坐《あぐら》をかき、「NATOは重要だ。戦後秩序は維持されるべきだ」とだけ主張している人々は、遅かれ早かれ、時代に取り残されていくだろう。NATOに対する人々の捉え方は、激変しているのだ。取り残されたくなければ、人々がどうしてNATOに対する考え方を変えたのか、その原因を探り、新たな枠組みを作っていく必要がある。

もう1つ例がある。

プリンストン大学には公共政策・国際関係論の研究機関として世界的に有名なウッドロー・ウィルソン・スクールがある。2020年、全米で広まった「ブラック・ライブス・マター」運動を受け、大学側はこの機関の名称から、「ウッドロー・ウィルソン」を外す決定をしている。その理由は「彼が人種差別者だったから」というものだ。この大学の学長をかつて務め、さらには第28代アメリカ大統領だった人物であるにもかかわらず、今や彼の名前は多くの人から忌み嫌われるものになっている。

人々の考え方は変わってしまったのだ。現状に我慢できない人がたくさんいる。彼らの間では、これまで正しいとされてきた考えや秩序、原則などは重要ではなく、代わりとなる新たな枠組みが求められている。人々はもはや変わり、過去には後戻りできないだろう。

エピローグ――人類にとって新型コロナウイルス感染症の世界的大流行は何を意味するのか

人命と運命は、2つの要素から動かされる。それらは、自然の力と、人間が備えた破壊と創造の力だろう。

1900年以降、世界を根底から変え、現在進行形で繰り返し語られている出来事を1つ選ぶとしたら、それは第一次世界大戦だ。この戦争は、軍事技術の面において革命をもたらし、その後の戦争に計り知れないほどの影響を与え、さらにアジアやアフリカを統治してきた列強による植民地に対する締め付けを弱体化させ、ロシアのボリシェヴィキが予期せぬ勝利をつかむ下地を作っている。

この大戦は、アメリカの立場を世界の中で飛び抜けた経済力を持つ国として昇格させ、その結果、ヨーロッパの地図は塗り替えられていった。

1918年のインフルエンザも、第一次世界大戦の勃発によって何百万人もの兵士たちが動員され、それが一因となって世界的大流行が助長されている。ドイツでファシズムの種がまかれたのも、この大戦との関連が大きい。第一次世界大戦の影響によって引き起こされた出来事は、これら以外にもたくさんある。

歴史を振り返れば、人類と自然界の破壊力が共に牙《きば》をむき、世界各地で人類の悲劇を拡大してきた例が見えてくる。

東北地方を訪れるたびに、自然というものがいかにすべてを一瞬にして台無しにしてしまうのかに気づかされる。私は、この地で自然災害の犠牲になった方々といまだに行方不明になったままの方々の鎮魂を祈り、回復と復興のために苦しみながら闘っている人を心から応援したいと思っている。東北を訪れ、人間の活力と良心に触れるたびに、私の心はいつも勇気づけられる。

1918年に発生したインフルエンザの大流行にしても数ある例の1つに過ぎず、中世には黒死病の蔓延がヨーロッパの社会基盤に大きなダメージを与えているし、数千年以上にわたって残存してきた壮大な世界遺産が、ISISのような野蛮な集団によって振り下ろされた大槌《おおづち》や、彼らによって仕掛けられた爆薬によってことごとく破壊された例もある。

物質社会は非常にもろく、そこでは永遠に存在し得ると思われているものでも一瞬にして消え去っていく。そうした社会にいると、形あるもののはかなさに敏感になり、破壊を免れ、奇跡的に残ったものに限りない愛おしさを感じるようになる。自然がもたらす猛威によって多くのものが一瞬にして奪われるのを実際に体感してきた日本の人たちには、この感覚がよくわかるはずだ。

新たな「敵」と向き合う時代の到来

その一方で、破壊と喪失から回復し、社会を再建するために発揮する人間の力には限界がないようだ。人には、持続可能な組織を構築しようとする素晴らしい能力が備わっているのだ。それを示す例を紹介しよう。

中国の北京に、北京協和医院という病院がある。私は以前、この病院に関する話を聞き、感心したことがある。北京協和医院は、海外伝道組織のアメリカン・ボードから全面的支援を受け、1906年に設立された。さらに1917年には、医学部（北京協和医学院）が併設されている。それから100年以上経過するが、北京協和医学院は、中国国内のトップレベルの医学校として今も機能し続ける。

開発プロジェクトに評価を下すときは、北京協和医院の例を基準にすべきだと私は思う。つまり、プロジェクトによって作られたものは今もって健在なのか、受け入れ側の社会に溶け込んでいるのか、その社会が変化したり、敵対的になったりしても存続できるのかという観点から評価するのだ。

北京協和医院が永続したのは、中国の人々の間に根を下ろし、支援者側でなく、受け入れ側のニーズを満たしたからに他ならない。この結果は、「意志」の力に鑑みれば当然のものだろう。開発プロジェクトは、支援側が望むこと、貢献できるものと、受け入れ側が望むこと、必要としているものが重なる部分を明確にした上で実行されるべきなのだ。当たり前のように聞こえるかもしれないが、これを成功させるのは予想以上に難しい。世界を旅していると、西側諸国が開発援助に数十億ドルを投資している場所をあちこちで見かける。しかし、うまくいっているケースは実に少ないのだ。

アメリカ自身も、長年にわたって施設や組織を立ち上げてきた。それらの中には、国内向けの役割をはるかに超越し、世界的な役割を担うようになったものもある。アメリカ疾病対策センター（CDC）がいい例だ。

かつての古い戦争の発想からなかなか脱却できず、新たな戦い方に目を向けられないとき、軍事戦略家たちはしばしば負け戦をすると言われる。

2020年の新型コロナウイルス感染症の大流行を考える際、この言葉は特に大きな意味を持ってくる。なぜなら、もはや戦争とは、国家または非国家主体を相手に戦うものではなく、極めて効果的に広がる能力を持ち、かつ巧妙に構造化されたウイルスのような存在を相手とするものになったからだ。

新型コロナウイルスの特徴として、感染した人の多くにその兆候がほとんど、もしくはまったく現れないという点がある。これが異様なまでのウイルスの拡散を可能にしている理由の1つだ。

2020年のアメリカの国防予算は、7000億ドル（約75・7兆円）だった。これは、中国、サウジアラビア、インド、フランス、ロシア連邦、イギリス、ドイツ、日本の国防予算を合計しても及ばない額だ。

同年、CDCが関係する新型コロナウイルス感染症の関連支出の総額は120億ドル（約1兆2975億円）だったが、この感染症の大流行に伴って大幅に増加しているだろう。

CDCは、アメリカ人の健康と生命を守るために設立された組織だ。当然ながら、CDCはアメリカ人だけでなく、全世界の人々の役に立てるような存在となりうる。人類が最も必要としている「武器」は、このCDCが手にすることになるのかもしれない。これまでの戦いとは違い、もはや戦車や空母は何の役にも立たないのだ。

紛争勃発を想定し、軍が絶えず出動準備をしているのと同じように、私たちの医療システムがより万全な緊急医療体制を持っていれば、今回の新型コロナ禍による経済に対する破壊力は極力抑えられ、人の命や生活への被害も大幅に減っただろう。

私たちは今、互いが高度に結び付いた時代に生きていることを改めて見せつけられている。これについては、いまさら何もできず、事実として受け入れるしかない。

例えば、危険なネット上で発生するウイルスは、サイバー空間を瞬時に移動し、複数のメディアプラットフォームをまたいで情報の形成、変換、変形を行っている。

一方、実空間におけるウイルスとバクテリアは、隔離されていた環境から飛び出すと、人間をホストとしてバスや電車、飛行機に紛れ込み、縦横無尽に移動する。

また、製造のサプライチェーンは非常に複雑であり、入り交じっているため、潜在的に複数の障害点が発生しがちだ。さらに人間は、動き、移動し、場合によっては予測かつ制御不能な方法で様々な場所へと逃れていく。

これらすべての課題に向き合うとき、世界の仕組みへの理解、異なる文化への敬意、そして政治を超えて互いに助け合える空間がなければ、世界的大流行《パンデミック》を乗り越えたあとに、さらに私たちを待ち受ける一連の課題に対処することができない。これらの課題はいつか必ずやって来る。


今回の新型コロナウイルスのパンデミックに対する日本政府の賢明な対応の一部は、在宅勤務を奨励することだった。ここまでの結果を見る限り、その対応は変革をもたらしたと言える。ときに過酷さの伴う数百万の社会人の毎日の通勤が軽減され、人々の意識は身の回りのコミュニティにより集中することになった。その結果、新たな課題と機会が家庭生活の中に生まれている。

日本企業にとっては、交通の便が良く、東京との行き来に支障のない場所に本社を移転するかどうかを検討するいい機会になったのではないだろうか。東京とは別のどこかふさわしい土地への移転が実現すれば、従業員はより安価で広い住環境を得られる。通勤時間も短縮され、生活の質は改善されるだろう。豊かな自然に触れる機会も増えるはずだ。

これを実施するには、大規模な文化的な転換が不可欠だ。これまでの常識がことごとく覆されてしまった今、多くの物事に対する仮説を再検討してみる作業は、私たち全員にとって無駄ではない。パンデミックが、思いもよらぬ形でもたらした前向きな変化のいくつかを維持できれば、私たちはより強くなり、より良いコミュニティも形成できる。この世の中では、もたらされた変化を最大限に活用して生きていくしかない。


パンデミックはまた、私たちの世代の最大の問題の1つである世界の不平等に目を向けさせるきっかけになった。

快適な家に住み、貯蓄もあり、優れた医療を受けられ、周囲とのつながりを維持し、リモートでもできる専門的な仕事をしている人がいる一方で、窮屈で環境の良くない家に住み、毎月の給与でどうにか食いつなぎながら医療費の心配をし、危険に身をさらすのを覚悟の上で、外で体を動かさないと仕事ができない人たちもいる。

生活上の安全性の確保という視点で社会を見た場合、著しい格差が存在しているのがわかってきた。この不平等の縮小は、政治的および倫理的に考えて、必ず実行されなくてはならない。

私たちは今、新しい時代のもう1つの真実を見ている。新たな課題への解決策は、非常に単純なものと極めて複雑なものの組み合わせになるということだ。

例えば、新型コロナウイルス感染症に対する最善の対処法は、手洗いやマスク着用のような基本的な衛生行動を実施することだが、他方では高度な技術を要する効果的ワクチンの開発も不可欠となる。

別の例もある。この上なく洗練されたサイバー攻撃に対する最良の防御策は、メールに貼り付けられた疑わしいリンクをクリックしないように人々を教育し、推測が難しいパスワードを使用する一方で、一流の専門家を雇い、最先端のテクノロジーが可能にした洗練されたツールを使用する方法を導入することでもある。

人間の特性には、戦争に勝つためとなれば、苦境に立たされながら物事を刷新し、達成不可能なように映る難題を乗り越えるために人々に大きな犠牲を払うことを求め、人々もそれを受け入れるというものがある。その一方で、平和構築や延命治療といった、私たちの生命に関する最も大切な課題をクリアするためにもっと多くの努力を傾けるかというと、それはなかなか行わない。

だが、新型コロナウイルスに対する国際社会の反応を見ていると、直面する課題を解決するための力が見事に発揮されている気がする。戦争関連ではないのに、人類がこれほどの努力を払って問題解決に取り組んでいるのは、まさに歴史的な出来事だ。

立ち止まらずにこれからも前に進み、パンデミックによって被害を受けた人々の生活、および経済全体を再建していくために、今は各自が静かに思考を巡らせるしかない。生活の中に簡素さを採り入れ、変化を柔軟に受け入れる姿勢が求められている。

これからの時代の外交官の役目

次に、外交官というものの役割についても考えてみよう。何世紀にもわたって本質的な役割がほとんど変わっていない外交官という存在を、どう評価したらいいのだろうか。

インターネットの時代になっても、優秀な外交官としての基礎的要件は変わっていない。よく訓練された精神を持ち、頭の回転が速く、自国の外交政策上のゴールを自分の中に刻み込む一方で、赴任先の国に対する深い見識を持ち、共感を抱けるようでなくてはならない。それだけでなく、予期せぬ状況に置かれたときのために、指示に忠実に従う規律性や、問題に対処するための創造性を備えておく必要もある。こうした資質は、本書で触れた「INTJ」型の人間にぴったりと当てはまる。

Eメールやインターネット、英語の世界的な普及が当たり前の時代となった今でも、言語(外国語)は、私にとって大切な要素だ。地に足をつけ、赴任先の国の日常生活や関心事に自らを放り込むことに勝るものはなにもない。

ほとんどの場合、アメリカの外交官たちは家族と共に外国で暮らしながら職務をこなす。

外交官の子どもたちは、どこに行っても堂々としたものだ。さすがにイラクやアフガニスタン、その他の係争地には子どもたちは帯同しないが、それ以外なら世界中どこにでも行き、学校に通い、友だちを作り、言葉や習慣を覚え、地域生活の一部となっていく。

私が思うに、アメリカ人外交官の3人に1人が自身の長いキャリアの中で赴任先の国からの緊急退避を経験する。となると、多くの場合、子どもたちも緊急退避を強いられる。外国で起こりうる様々なケースに備え、国務省のメイントレーニング施設では子どもたちを対象として外国生活についてのクラスを開いている。その際には、非常持ち出し袋を準備し、その中にお気に入りのものや大切なものを詰めておくように伝えられる。しっかりと非常持ち出し袋を準備できた子どもには、合格証が授与される。

優秀な外交官は、非常に鋭い観察眼を備え、見聞した物事を寸分の間違いもなく正確に報告する能力がなくてはならない。各国の外交使節団の成果は、こうした個々の外交官の能力に大きく依存しているのだ。

私の大好きな本に、歴史家のロバート・マッシーが書いた壮大な伝記『ピョートル大帝――その人生と世界』（原題：Peter the Great: His Life and World）がある。この本の最後のほう、引用欄のページを見ると、作者がピョートルについてどれだけ多くの文献を調べたのかがわかる。果たしてピョートルはどんな風貌だったのか、どのように振る舞ったのか、さらにモスクワや当時のサンクトペテルブルクでの彼の行動はどんなものだったのか。

それらについて作者は文献から重要な手がかりを得ている。

では、これらの文献は誰の手によって記されたのだろうか。その答えは、外国の大使たちである。彼らは宮殿でピョートルと面会し、そのときの様子を記録していたのだ。大使たちは、多種多様な人々と話し、旅行をし、とりわけ物事を客観的に観察するという、今も変わらぬ外交官としての行動を取っていたのだ。

外国に身を置きながら、その国をよく見て、正しい状況判断と分析を行い、本国に報告するという仕事に私は没頭してきた。重要な外交政策の決定がなされる際には、自国政府のために提言をし、その一方で、自国から遠く離れた土地に住む同胞を見守り、彼らの安全を確保することが私に課された職務だった。今改めて考えると、私にとって国家の歩哨役を担う外交官に勝る天職はなかったのだ。

最後に、私の想像を膨らませて止まない聖書からの神秘的な節を紹介しようと思う。言葉の力について説いたものだ。

「バベルの塔」（『創世記』第11章1―9節）
さて、全地は一つの話しことば、一つの共通のことばであった。
人々が東の方へ移動したとき、彼らはシンアルの地に平地を見つけて、そこに住んだ。

彼らは互いに言った。「さあ、れんがを作って、よく焼こう。」彼らは石の代わりにれんがを、漆喰《しっくい》の代わりに瀝青《れきせい》を用いた。

彼らは言った。「さあ、われわれは自分たちのために、町と、頂が天に届く塔を建てて、名をあげよう。われわれが地の全面に散らされるといけないから。」

そのとき主は、人間が建てた町と塔を見るために降りて来られた。

主は言われた。「見よ。彼らは一つの民で、みな同じ話しことばを持っている。このようなことをし始めたのなら、今や、彼らがしようと企《くわだ》てることで、不可能なことは何もない。

さあ、降りて行って、そこで彼らのことばを混乱させ、互いの話しことばが通じないようにしよう。」

主が彼らをそこから地の全面に散らされたので、彼らはその町を建てるのをやめた。

それゆえ、その町の名はバベルと呼ばれた。そこで主が全地の話しことばを混乱させ、そこから主が人々を地の全面に散らされたからである。

（引用『聖書　新改訳２０１７』新日本聖書刊行会）

人々がたった１つの「言語」を話すようになれば、人類にとって不可能なものは何もなくなる――これらの節はそう説いているのだと広く解釈されている。

だが、私の捉え方はこれとは違う。

いくつもの大陸を巡るこれまでの旅の中で、私は折に触れて、言語の崇高な美しさに触れてきた。それぞれの言語がまとう意味の無限の深さを感じながら、その言語によって自分の魂を最大限に表現するという体験もした。それらを通じて得たものは、言語は尽きることのない機会を人類にもたらしてくれるという実感である。異なる言語があるからこそ、私たちはお互いの魂を理解したいと願い、そして実際に理解し合うこともできる。つまり神は私たちを思い、私たちそれぞれに自分の言語という贈り物を与えてくれたのではないだろうか。

互いに理解し合うためのカギは、やはり言語にある。あとは、私たち1人ひとりがそのカギをひねるだけだ。

ジェイソン・ハイランド（Jason P. Hyland）

カリフォルニア大学バークレー校卒業後、フレッチャー法律外交大学院にて修士号を取得。東京大学外国人客員研究員などを経て、在日米国大使館臨時代理大使をつとめた。外交官として、国務省東アジア・太平洋局特別補佐官、在オーストラリア米国大使館首席公使、在アゼルバイジャン米国大使館首席公使などを歴任。福岡、大阪、札幌、東京など、17年以上にわたって日本に在住している。現在、日本MGMリゾーツ代表執行役員兼社長。

Photo by Andrijana Cvetkovikj

野口孝行（のぐち　たかゆき）
1971年生まれ。米国アーカンソー州立大学卒。重工メーカー、商社、出版社勤務などを経て、フリーランスのライター・編集者となる。著書に『脱北、逃避行』（文春文庫）など。

外交官《がいこうかん》の使命《しめい》　元駐日《もとちゅうにち》アメリカ代理《だいり》大使《たいし》回顧録《かいころく》

2020年11月30日　初版発行

著者／ジェイソン・ハイランド

訳者／野口孝行《のぐちたかゆき》

発行者／青柳昌行

発行／株式会社KADOKAWA
〒102-8177　東京都千代田区富士見2-13-3
電話　0570-002-301（ナビダイヤル）

印刷所／株式会社暁印刷

製本所／本間製本株式会社

●お問い合わせ
https://www.kadokawa.co.jp/（「お問い合わせ」へお進みください）
※内容によっては、お答えできない場合があります。
※サポートは日本国内のみとさせていただきます。
※Japanese text only

定価はカバーに表示してあります。

ISBN 978-4-04-108385-7　C0031